Cristina Alina Năftănăilă

Adopția
un act de iubire

LETRAS
Scrie. Publică.

Descrierea CIP a Bibliotecii Naţionale a României
NĂFTĂNĂILĂ, CRISTINA ALINA
  Adopţia : un act de iubire / Cristina Alina Năftănăilă.
- Snagov : Letras, 2017
  Conţine bibliografie
  ISBN 978-606-94144-6-0

36
159.9

Credite imagini copertă: 123rf.com

Design copertă: Letras

Editura Letras
  Pentru solicitări de publicare vă puteţi adresa editurii, pe mail, la adresa **edituraletras@piatadecarte.com.ro**

Mulțumesc bunului Dumnezeu pentru gândurile pline de inspirație care m-au ajutat să realizez această carte, pe care ți-o dedic ție, dragă cititorule, mamă sau tată adoptiv.

Am cunoscut bucuria de a deveni mamă la 41 de ani și sper ca această carte să te motiveze și pe tine drag părinte adoptiv să iei aceeași decizie, pentru a trăi la rândul tău fericirea pe care ți-o poate aduce COPILUL TĂU.

Cuprins

Cuvânt înainte

Cartea Adopţia –un act de iubire se doreşte a fi un ghid practic care să răspundă viitorilor părinţi unor întrebări legate de procesul de adopţie şi să descrie, prin exemple concrete, cum se construieşte relaţia cu un copil adoptat.

Ideea realizării acestei cărţi a apărut în momentul în care am iniţiat demersurile pentru adopţia băiatului nostru şi, dorind să aflăm mai multe detalii despre ce înseamnă adopţia, ce etape trebuie parcurse sau cum să relaţionăm cu copilul în diferite momente după adopţie, am constatat că există foarte puţine informaţii referitoare la acest subiect.

În România nu avem încă o cultură a adopţiei. Copilul adoptat este văzut ca un obiect second hand, iar familia adoptatoare este percepută ca fiind neobişnuită. Aceste calificări sunt, bineînţeles, nedemne şi îngreunează atât procesul de adopţie, cât şi integrarea copilului adoptat în noua sa familie.

Gradul de civilizaţie al societăţii este determinat în mare măsură şi de atitudinea cetăţenilor faţă de copiii cu probleme sociale speciale.

Să adopţi un copil presupune înainte de toate să fii lipsit de prejudecăţi, să oferi iubire necondiţionată şi să dai dovadă de multă răbdare pentru a forma o punte afectivă între tine şi copilul tău.

Adopţia poate deveni o experienţă extraordinară dacă dai dovadă de blândeţe în faţa unui anumit tip de comportament manifestat de copil în perioada de acomodare în familie, dar şi mai târziu, în faţa unor reacţii neprevăzute, ţinând cont de faptul că acesta poate a trăit momente traumatizante până a ajuns în noua sa familie sau persoanele de referinţă în grija cărora a fost (asistenţi maternali, personal din centrele de plasament) au imprimat anumite trăsături personalităţii sale.

Cartea Adopţia – un act de iubire prezintă, din punct de vedere teoretic, motivaţia de a adopta un copil, arată care este în prezent legislaţia naţională şi internaţională pe baza căreia se realizează adopţia, etapele procesului de adopţie, precum şi aspecte ce vizează perioada de adaptare a copilului în familie (aici am inclus povestea noastră şi a unei alte familii care a adoptat un copil), sfaturi practice pentru părinţii adoptivi, idei pentru a crea relaţia de ataşament, caracteristici şi nevoi ale copiilor adoptaţi, dar şi aspecte pe care părinţii ar trebui să le discute cu copiii lor.

Această carte poate fi utilă nu numai familiilor care au adoptat sau intenţionează să adopte copii, ci şi studenţilor sau masteranzilor ce urmează un program de studii universitare în domeniul sociologiei, asistenţilor sociali sau persoanelor care îşi desfăşoară activitatea în cadrul unor organizaţii ce sprijină adopţia.

Capitolul 1
Adopţia – un act de iubire

„Copilul nu datorează părintelui viaţa, ci creşterea."

Nicolae Iorga

1.1 Motivaţia de a adopta în Antichitate

În Antichitate, adopţia a jucat un rol foarte important, mai ales în instituţiile grecilor, asirienilor, indienilor, evreilor şi romanilor, deoarece persoana adoptată reprezenta interesele religioase şi politice ale neamului, după ce adoptatorii decedau.

Făcând referire la poporul *indian*, formele, condiţiile şi efectele adopţiei erau reglementate de către legiuitorul lor, Manu. Acesta, vorbind despre adopţie, aminteşte că „acela căruia natura nu i-a dat fiu poate adopta, pentru ca ceremoniile funebre să nu înceteze", cel înfiat putând fi copilul fratelui. Adopţia la indieni, în Antichitate, avea o profundă utilitate cultică, adică era foarte important ca neamul să nu se stingă, ci să rămână cineva în urmă care să aibă grijă de ceremoniile funebre şi de cultul domestic.

La vechii *evrei*, forma adopţiei era întâlnită prin considerarea copilului fratelui decedat ca propriu copil, în urma căsătoriei de levirat cu văduva fratelui decedat. De asemenea, în creştinism, Dreptul Iosif este considerat tatăl adoptiv al lui Iisus Hristos. Deşi nu a fost tatăl natural al lui Iisus Hristos, acesta fiind zămislit în chip supranatural, Dreptul Iosif a luat în grija sa atât pe Fecioara Maria, cât și pe Pruncul Iisus, pentru a nu fi desconsiderați de comunitate. Îl putem consemna pe acesta ca fiind primul caz de adopție în creștinism.

În legislația *indiană și ateniană*, spre deosebire de cea romană, aveau voie să adopte doar persoanele care nu aveau copii. Gaius spune că cineva poate să aibă și fii de la natură și fii prin adopțiune. Însă la *romani* se făceau uneori abuzuri cu adopțiile, astfel Cicerone combate adopția lui Claudius de către o persoană care avea și copii legitimi, printr-un discurs celebru din care amintim: „A adopta înseamnă a cere de la religie și de la lege ceea ce nu ai putut obține de la natură".

În Dreptul roman, încheierea căsătoriei urmărea, în principal, să asigure capului de familie descendenți care să-i perpetueze numele și să-i continue, după moarte, administrarea bunurilor. În cazul în care capul familiei nu avea urmași, îi rămânea posibilitatea să-și creeze unii „artificiali", pe calea înfierii, care stabilea între el și o persoană străină raporturi similare cu cele pe care căsătoria le producea între părinte și descendenții săi.

Esența înființării instituției adopției în Dreptul roman au constituit-o interesele religioase și politice. Pentru romani era foarte important ca neamul lor să fie dus mai departe, astfel încât numele lor să nu se stingă niciodată.

Dacă cineva murea fără să aibă copii de sex bărbătesc, cu el se stingea și una dintre ramurile familiei sale – imaginea veneraților strămoși și un nume glorios ar fi pierit exilate din sanctuarul lor, ar fi ornat o casă străină, cetatea num* un cult privat mai puţin sau acest cult trecea în mâinile unui erede care nu avea nici gândurile, nici sângele mortului. În asemenea situaţii, adopţia devenea singura alternativă pentru a se perpetua încă numele, familia şi cultul, astfel persoana lui fizică murea, dar personalitatea politică şi religioasă niciodată. A adopta însemna a veghea la perpetuarea religiei domestice, la continuarea ofrandelor funebre etc.

Cea mai înaltă magistratură era Consulatul, pe care nu o puteau dobândi decât patricienii. Prin adopţie se oferea şi plebeilor mijlocul de a ajunge la Consulat, dacă erau adoptaţi de patricieni, iar patricienii puteau deveni tribuni ai poporului dacă erau adoptaţi de plebei. Foarte important este faptul că adopţia garanta succesiunea la tronul ţării când împăraţii nu aveau copii legitimi. De exemplu, Octavian, Nero, Traian, Iustinian etc. au fost fii adoptivi.

1.2 Adopţia văzută de reprezentanţi ai bisericii ortodoxe

Biserica binecuvântează adopţia şi o încurajează. În rândurile de mai jos, am prezentat opinia *părintelui Dragomir Ciprian din Câmpulung*, jud. Argeş, şi a *părintelui Dionisie Ignat de la Colciu,* care şi-au exprimat opinia şi au dat unele sfaturi ortodoxe cu privire la adopţie:

Interviu acordat de către **părintele Dragomir Ciprian**, *Parohia Fundeni – Câmpulung, jud. Argeş:*

- Părinte, cum priviţi adopţia?

- Adopţia este o dovadă de dragoste, deoarece o familie întinde o mână salvatoare unui copil lipsit de dragoste, iar familia se binecuvântează prin venirea în mijlocul ei a unui membru cu talanţi speciali. Este un schimb reciproc de iubire. Acest schimb nu este lipsit de riscuri, de încercări ce pot apărea ca urmare a dificultăţilor de comunicare, dar familia adoptivă nu ar trebui să fie descurajată.

Adopţia reprezintă un gest de mare încredere pe care familia adoptivă îl are în Dumnezeu, familie care nu se încăpăţânează într-o dragoste falsă, apelând la motivaţia că nu poate iubi decât un copil din sângele ei. Această atitudine este semnul unei credinţe foarte slabe.

- Următoarea întrebare pe care doresc să v-o adresez face referire la inseminarea artificială. Cum priveşte biserica această metodă de a avea copii ca alternativă a adopţiei?

- Biserica nu acceptă inseminarea artificială deoarece această metodă presupune două păcate, şi anume: primul păcat este autosatisfacerea masculină, iar al doilea păcat apare de foarte multe ori – în cazul în care se constată că s-au fertilizat mai mulţi fetuşi, iar familia nu doreşte păstrarea lor, urmează practic ca aceştia să fie omorâţi.

- Ce sfaturi ați da celor care nu au copii, dar care doresc să devină părinți?

- Intensificarea apropierii de Dumnezeu, singurul nostru Tată autentic, prin rugăciune mai atentă şi mai diversificată, dar şi spovedanie mai deasă în timpul căreia gândurile şi frământările personale să poată fi îndrumate şi limpezite din vreme, prin sfătuire cu duhovnicul. Şi, bineînţeles, post special şi rugăciuni mai des îndreptate către *Sfinţii copii* şi *Sfinţii familişti,* cum sunt, de exemplu, Sfinţii Ioachim şi Ana, Sfinţii Brâncoveni, Sfânta Iuliana din Lazarevo, Sfânta Filofteia, precum şi către *Sfinţii numiţi făcători de minuni,* pentru multitudinea lor de arătări în situaţii grele: Sfântul Stelian, Sfântul Nectarie, Sfântul Nicolae, Sfântul Ioan Rusu şi alţii.

De exemplu, Sfinţii Ioachim şi Ana, prin post şi rugăciune, dar mai ales prin rânduiala lui Dumnezeu, au avut un copil la bătrâneţe, pe Fecioara Maria, Prea Sfânta Născătoare de Dumnezeu. Sfântul Ioachim a murit la vârsta de 80 de ani, după aducerea şi intrarea fiicei lui în Templul de la Ierusalim. Sfânta Ana a murit la vârsta de 70 de ani – la doi ani după sfântul Ioachim –, ani pe care i-a petrecut în Templu, alături de fiica ei. Sfinţii Ioachim şi Ana sunt adesea invocaţi în rugăciuni de cuplurile care nu reuşesc să aibă copii.

- Şi o ultimă întrebare: în cazul în care copilul pe care l-am adoptat dezvoltă un comportament rebel

sau ajunge să comită fapte lipsite de moralitate, cum îl putem ajuta?

- Prin apropierea de Dumnezeu, cu multă răbdare și mult tact de a combina participarea la cele sfinte cu faptul de a-i fi alături în lucrurile bune, care lui îi plac. Spre exemplu, copilul (adolescentul) a făcut o faptă urâtă și le cere părinților 500 de lei să-și cumpere ceva la care visează de mult. Părinții ar trebui să-i spună: Nu pot să-ți dau 500 de lei pentru că ultima ta faptă este rușinoasă, însă apreciez că acum o săptămână ai rezolvat problema (fapta) X cu bine. Am încredere în tine și știu că vei reuși să găsești o soluție să îndrepți în mod benefic și această situație.

Părintele Dragomir a fost alături de noi în momentul în care băiatul nostru ne-a fost încredințat spre adopție. Am organizat, împreună cu nașii, la Biserica Fundeni, o slujbă de intrare în familie a băiatului, pentru că am simțit că în fața lui Dumnezeu vom forma o nouă familie, unită prin credință și binecuvântată prin Sfântul Duh.

*Al doilea interviu este extras din „**Ne vorbesc părinți athoniți**" și a fost realizat de către Danion Vasile și Marian Maricaru:*

- Despre adopții ce părere aveți? Sunt femei care nu fac avort, dar își aruncă copilul în stradă, îl lasă undeva. Și ajung copiii vagabonzi, umblă prin canale, săracii, n-au școală, n-au nimic, fură, se droghează.

Mai încearcă cei de la Casa de copii să îi ia, dar ei fug înapoi în stradă. Însă unii se gândesc să adopte un asemenea copil, să îl înfieze.

- Cel care face asta are răsplată de la Dumnezeu. Dacă-l înfiază şi-l conduce pe calea mântuirii are răsplată de la Dumnezeu.

- Dar trebuie să stea mai întâi o vreme să se convingă că nu poate avea copii? Cât timp să stea? Sau să se grăbească să înfieze?

- Asta rămâne la latitudinea fiecăruia. E mai bine să aştepte şi să vadă dacă nu pot totuşi avea... Acum doctorii le pot spune dacă pot zămisli ori nu.

- Unii dintre aceşti copii adoptaţi fac probleme părinţilor adoptivi...

- Ar trebui înfiaţi copii mici de tot, ca să nu fi avut timp să se deprindă cu relele.

- Se zice că ei moştenesc de la părinţii lor trupeşti o anumită sensibilitate crescută faţă de patimi...

– Nu, nu! Depinde cum îi creşti. Să-i creşti în frica lui Dumnezeu şi cum îi educi tu, aşa cresc.

Puţine familii ştiu că există o rânduială liturgică specială dedicată adopţiei. Rugăciunea care se citeşte de către preot în aceste împrejurări priveşte înfierea ca pe un act ce depăşeşte limitele naturalului:

„Pe cei pe care firea i-a născut depărtaţi unul de altul după trup, pe aceştia, Însuţi Dumnezeule, îi uneşte în tată şi fiu prin Sfântul Tău Duh. "

Slujba, care se desfăşoară în biserică, se încheie prin îngenuncherea celui înfiat înaintea celui care-l adoptă. Noul părinte îl ridică şi îi zice:

„De astăzi fiul meu eşti tu, eu astăzi te-am născut. "

Şi, imediat, îl îmbrăţişează. Puţine recomandări liturgice consemnează gestul îmbrăţişării, unul cu profunde valenţe emoţionale. Îmbrăţişarea, în textele biblice, exprimă regăsirea. Astfel, copilul adoptat a fost căutat şi găsit, iar el, la rândul său, a căutat şi a găsit. Căutarea şi regăsirea sunt binecuvântate în Biserică. După acel „de astăzi eşti fiul meu", starea copilului şi starea noului părinte se schimbă.

Dacă adopţia porneşte de la aceste coordonate şi cel (sau cea) adoptat (ă) se află permanent în „braţele" noilor părinţi, familia nou formată primeşte tărie din puterea credinţei. Nu se mai pune problema despărţirii, a renunţării prin însuşirea motivaţiei „nu este fiul meu", „nu este fiica mea". Copiii adoptaţi nu vor mai fi trataţi ca animale de companie, ca animatori contra monotoniei cotidiene.

Chiar dacă firea i-a născut depărtaţi de părinţii adoptivi, prin Duhul Sfânt „se biruieşte rânduiala firii", iar ceea ce Dumnezeu a unit nimeni şi nimic nu mai poate despărţi.

A fost folosit cuvântul „părinţi" pentru că soţul şi soţia care adoptă, la fel ca cei care nasc un copil, sunt chemaţi spre această misiune de viaţă, o misiune care nu se încheie nici măcar prin moarte. Niciodată cei care au devenit părinţi nu vor fi separaţi de copiii lor. Cu atât mai puţin înaintea lui Dumnezeu.

1.3 Motivaţia de a adopta în prezent

În prezent, motivaţia cuplurilor de români ce aleg să adopte un copil, conform unui studiu intitulat *„Profilul părinţilor adoptivi din România şi adopţia copiilor greu adoptabili"*, izvorăşte din infertilitate, din nevoia de împlinire personală sau din presiunea socială a grupului de prieteni sau a familiei extinse, fiind foarte rar menţionată ideea de a oferi copilului şansa de a avea o familie.

Unul dintre autorii studiului, Florin Lazăr, a arătat că *„infertilitatea* (primară sau rezultată în urma unor complicaţii medicale) sau *decesul unui copil biologic urmat de incapacitatea cuplului de a mai avea copii* au fost motivaţiile principale cel mai des citate, atât în cadrul focus-grupului, cât şi în timpul interviurilor. De asemenea, am întâlnit situaţii în care persoanele care au moştenit o boală genetică decid să nu aibă un copil natural, pentru a nu transmite gena respectivă".

De asemenea, apar ca motivaţii şi *nevoia afectivă de împlinire personală prin creşterea unui copil,* dar şi *consolidarea relaţiilor de familie.*

„Cei mai mulţi dintre părinţii adoptivi susţin că prin adopţie au vrut ca viaţa lor să capete un nou sens şi echilibru şi că se simt mai motivaţi pentru viitor, inclusiv pentru a munci", mai rezultă din studiu.

Presiunea socială a grupului de prieteni sau a familiei extinse, în care cuplurile de aceeaşi vârstă din anturaj au deja copii, este de asemenea un factor motivant important, dar foarte rar apare menţionată ideea de a oferi unui copil şansa de a avea o familie. „În România, adopţia este susţinută de un principiu mai sănătos: «să facem o familie», faţă de alte state, în care adopţia este văzută ca o şansă pentru copil", a declarat Bogdan Panait, secretar de stat la Oficiul Român pentru Adopţii (în anul 2011).

Autorii studiului au arătat că trebuie tratată ca situaţie aparte ***motivaţia familiilor asistenţilor maternali profesionişti*** care adoptă copilul pe care l-au avut în plasament, adesea de la vârste mici, şi faţă de care au dezvoltat o relaţie de ataşament. Şi în cazul lor, infertilitatea sau lipsa copiilor biologici pot fi factori de influenţă în decizia de a adopta copilul pe care îl au în plasament.

În majoritatea cazurilor, iniţiativa aparţine soţiilor, dar, de cele mai multe ori, soţii îmbrăţişează foarte curând ideea de a deveni părinţi adoptivi. În cazurile de infertilitate, soţul care are probleme sugerează adopţia ca modalitate de reducere a sentimentului de vinovăţie asociat cu incapacitatea de a procrea.

În anumite cazuri, prima opţiune este de a adopta copii din familia extinsă. „Două dintre cuplurile intervievate au declarat că abia atunci când acest lucru nu a fost posibil s-au orientat către adopţia unui copil din sistemul de protecţie specială. Uneori, familiile care nu sunt sigure că vor să adopte sau nu sunt sigure că vor putea face faţă îngrijirii unui copil aleg să devină asistenţi maternali profesionişti sau familii de plasament. Faptul că îngrijesc şi interacţionează în mod constant cu copiii şi se ataşează de aceştia poate conduce, în unele cazuri, la acceptarea necondiţionată a acestora şi la adopţia copiilor greu adoptabili", se mai arată în studiul menţionat.

În funcţie de anumite variabile (statut marital, prezenţa copiilor biologici etc.), au fost identificate şapte categorii de adoptatori:

- adoptatori care suferă de infertilitate primară;
- adoptatori care suferă de infertilitate secundară/boli care conduc la contraindicaţia de a procrea;
- adoptatori celibatari;
- adoptatori-părinţi vitregi ai copilului adoptat;
- adoptatori rude de până la gradul IV ale copilului adoptat;
- adoptatori care anterior adopţiei au fost asistenţi maternali ai copilului şi nu se încadrează în nici una dintre categoriile anterior menţionate;
- adoptatori care nu îndeplinesc nici una dintre condiţiile anterior menţionate, având o motivaţie cu valenţe sociale şi umanitare.

Caracteristicile părinţilor adoptivi, desprinse din acelaşi studiu, arată că aceştia au studii medii şi/sau superioare, vârste peste 30 de ani şi o medie de vârstă peste 38 de ani, iar decizia de a adopta apare, în general, după încercări repetate de a avea propriul copil. O altă caracteristică a cuplurilor care doresc să adopte este că sunt în relaţii stabile de cel puţin 5 ani.

Persoanele care adoptă singure sunt în general femei, cu vârsta de cel puţin 40 de ani (sau peste) şi au studii medii sau universitare.

1.4 Personalităţi care au fost adoptate

Există foarte multe persoane publice care au marcat într-un fel sau altul istoria lumii şi care au fost adoptate. Faptul că aceste personalităţi au fost date spre adopţie nu a constituit un impediment în dezvoltarea personală şi alegerea unei cariere de succes.

Astfel, una dintre aceste personalităţi a fost *Steve Jobs* – care a revoluţionat industria tehnologiei –, copilul ilegitim al cuplului format din Joanne Schieble şi Abdulfattah „John" Jandali (de origine siriană), studenţi de 23 de ani la Universitatea din Wisconsin.

La câteva luni de la naşterea sa, cei doi tineri s-au căsătorit şi au avut încă un copil, Mona, pe care l-au păstrat. Steve, în schimb, a fost adoptat de Paul şi Clara Jobs, care trăiau în Mountain View, acolo unde urma să se nască o altă legendă: Apple.

După absolvire, Jobs s-a dus la colegiul din Portland, Oregon, unde a stat doar un trimestru, nefiind capabil să ţină pasul cu standardele rigide ale şcolii. În schimb, s-a concentrat pe activitatea unui club mic, format din doar câţiva omeni, care se numea Homebrew Computer Club. De asemenea, şi-a luat o slujbă la compania de jocuri video Atari, iar cu banii obţinuţi a călătorit în India, de unde s-a întors complet schimbat. Şi-a ras barba şi a trecut la budism. A fost perioada lui „hippy", după cum îi plăcea chiar lui să spună. Doi ani mai târziu, combinaţia uluitoare dintre filosofia multiculturală şi pasiunea vizionară pentru tehnologie a dus la formarea companiei **Apple Computer**.

Marilyn Monroe (numele său real fiind Norma Jean Mortensen), cunoscută actriţă a cinematografiei americane, a avut o copilărie tragică, deoarece mama ei, un fost editor de film la câteva studiouri, era instabilă din punct de vedere psihic şi a fost internată la un sanatoriu când Marilyn avea doar 5 ani. După internarea mamei ei la sanatoriu a locuit la o serie de familii adoptive, iar după aceea la un orfelinat. În autobiografia sa, *My Story*, Marilyn povesteşte că la vârsta de 7 ani a aflat că Ida şi Albert Bolender nu sunt părinţii ei biologici, ea fiind încredinţată acestora spre creştere de către mama sa, Gladys. În fiecare zi de sâmbătă Gladys o vizita, însă niciodată nu o săruta, nu o lua în braţe şi nu îi zâmbea.

Nelson Mandela, cunoscut ca preşedinte al Africii de Sud şi deţinător al Premiului Nobel pentru Pace, decedat în decembrie 2013 la vârsta de 95 de ani, a fost un luptător neobosit în combaterea rasismului instituţionalizat, a sărăciei şi inegalităţii. El s-a născut în anul 1918, în satul Mvezo din Umtatu, pe atunci parte a provinciei Cape din Africa de Sud. Mandela a crescut, împreună cu două surori ale sale, în satul mamei, Qunu, unde avea grijă de turmele de vite şi petrecea mult timp afară cu alţi băieţi. Mai târziu avea să afirme că viaţa sa timpurie fusese dominată de tradiţie, ritualuri şi tabuuri.

Ambii săi părinți erau analfabeți, dar fiind creștină devotată, mama lui l-a trimis la o școală locală metodistă, la vârsta de șapte ani. Când a fost botezat în cultul metodist, lui Mandela i-a fost dat prenumele englez „Nelson" de către profesoara sa, care nu dorea să rețină toate numele tribale ale elevilor ei. Când Mandela avea nouă ani, tatăl său a venit la Qunu în mod neașteptat, unde a murit de o boală nediagnosticată despre care viitorul politician credea că era pulmonară. Mandela a scris că „s-a simțit dezrădăcinat de acest deces și că a moștenit de la tatăl său atât mândria și spiritul de rebeliune, cât și încăpățânarea pentru echitate". După moartea tatălui său, Nelson Mandela a fost adoptat, la vârsta de 9 ani, de Jongintaba Dalindyebo, regentul interimar al poporului Thembu.

Alte personalități despre care se știe că au fost adoptate sunt: ***Priscilla Presley,*** al cărei tată, fost pilot al marinei SUA, a murit într-un accident aviatic când aceasta avea doar șase ani. Mai târziu, Priscilla a fost adoptată de cel de-al doilea soț al mamei. ***Ray Liotta*** a fost adoptat când avea doar șase luni. 40 de ani mai târziu, Ray a angajat un detectiv particular pentru a-și găsi mama. Povestea adopției lui ***John Lennon*** se datorează tatălui său, care a dezertat de pe un vas naval, și mamei lui, care nu a fost capabilă să aibă grijă de copil, drept urmare fiind adoptat de un unchi.

Există numeroase alte personalități celebre, însă am ales câteva exemple reprezentative.

1.5 Legislaţia privind adopţia în România

În anul 2016, Legea nr. 57/2016 vine in completarea Legii nr. 273/2004, privind procedura adoptiei şi a altor acte normative.

Legea 57/2016 – privind regimul juridic al adopţiei – defineşte adopţia ca fiind operaţiunea juridică prin care se creează legătura de filiaţie între adoptator şi adoptat, precum şi legături de rudenie între adoptat şi rudele adoptatorului.

Printre *principiile* care trebuie respectate în mod obligatoriu în procesul de adopţie se numără:

- principiul interesului superior al copilului;
- principiul creşterii şi educării copilului într-un mediu familial;
- principiul continuităţii în educarea copilului, ţinându-se seama de originea sa etnică, culturală şi lingvistică;
- principiul informării copilului şi luării în considerare a opiniei acestuia în raport cu vârsta şi gradul său de maturitate;
- principiul garantării confidenţialităţii în ceea ce priveşte datele de identificare ale adoptatorului sau, după caz, ale familiei adoptatoare, precum şi identitatea părinţilor fireşti.

Alte documente relevante în privinţa adopţiei şi a unor informaţii generale sunt:

- Convenția de la Haga asupra protecției copiilor și cooperării în materia adopției internaționale, încheiată la 29 mai 1993 la Haga;
- Convenția ONU din 20.11.1989;
- Ordinul nr. 550/2012 privind aprobarea criteriilor pe baza cărora se realizează potrivirea teoretică;
- Ordinul nr. 552/2012 privind aprobarea modelului cadru al atestatului de persoană sau familie aptă să adopte, precum și a modelului și conținutului unor formulare, instrumente și documente utilizate în procedura adopției;
- Ordinul 631/2013 privind documentele care se anexează cererii de evaluare în vederea eliberării unui nou atestat de persoană sau familie aptă să adopte, ca urmare a expirării atestatului anterior;
- Legea 21/2014 privind instituirea Zilei Naționale pentru Adopție, publicată în Monitorul Oficial Partea I nr. 188 din 17 martie 2014.

O noutate în legea adopției naționale constă *în acordarea unui concediu de acomodare oricarui adoptator sau soț din familia adoptatoare, care realizează venituri supuse impozitului pe venit, potrivit prevederilor Legii nr. 277/2015, privind Codul fiscal, cu modificările și completările ulterioare, din activități salariale și asimilate acestora sau, după caz, activități independente sau activități agricole, cu durata de maximum un an* care include și perioada încredințării copilului în vederea adopției, precum și de o indemnizație lunară, raportată la indicatorul social de referință, în cuantum de 3,4 ISR, adică 1.700 lei pe lună care se aplică la copiii cu vârsta de peste doi ani. Pentru copiii sub doi ani se aplica drepturile prevazute prin indemnizatia pentru cresterea copilului.

Această modificare la lege, este benefică nu atât pentru nevoile adoptatorului, cât pentru nevoile copilului care a fost adoptat. Mulţi dintre aceşti copii vin, în această etapă, cu oarecare tulburări emoţionale, uneori cognitive, alţii cu probleme de sănătate. În plus, ei au nevoie de statul mamei acasă lângă ei, pentru o anumită perioadă, până când se acomodează. Nevoile copiilor adoptabili şi adoptaţi diferă mult şi semnificativ faţă de nevoile unui copil biologic. La fel, şi nevoia de intervenţie a familiei care a adoptat copilul este alta.

Un alt aspect pozitiv, care uşurează parcurgerea etapelor din procesul adoptiei, aparut în Legea nr. 57/2016, articolul nr. 46, se referă la faptul că ” *angajatorii au obligaţia de a acorda salariatului sau, după caz, salariaţilor soţ şi soţie care adoptă timp liber pentru efectuarea evaluărilor impuse de obţinerea atestatului şi realizarea potrivirii practice, fără diminuarea drepturilor salariale, în limita a maximum 40 de ore pe an.* Timpul liber se acordă pe baza cererii solicitantului, la care se anexează calendarul întâlnirilor sau, după caz, programul de vizite, întocmite de direcţia competentă. Nerespectarea de către angajator a prevederilor aliniatului (1) constituie contravenţie şi se sancţionează cu amendă de la 1.000 lei la 2.500 lei.”

1.6 Adopţia internaţională

Procedura de adopţie internaţională a unui copil cu reşedinţa obişnuită în România se derulează în conformitate cu prevederile Convenţiei de la Haga asupra protecției copiilor și cooperării în materia adopției internaționale.

Adopția internațională vizează adopția în care adoptatorul sau familia adoptatoare (cetățeni români cu reședința stabilită în altă țară) și copilul ce urmează să fie adoptat (cetățean român cu reședința în România) au reședința obișnuită în state diferite, iar în urma încuviințării adopției, copilul urmează să aibă aceeași reședință obișnuită cu cea a adoptatorului.

Potrivit art. 45 din Legea nr. 273/2004 cu modificările și completările ulterioare, republicată, precum și cu modificările aduse prin Legea nr. 57/2016, adopția internațională a copilului cu reședința obișnuită în România de către o persoană/familie cu reședința obișnuită în străinătate poate fi încuviințată numai în următoarele situații:

a) adoptatorul sau unul dintre soții familiei adoptatoare este rudă până la gradul al patrulea inclusiv cu copilul pentru care a fost încuviințată deschiderea procedurii adopției interne;

b) adoptatorul sau unul dintre soții familiei adoptatoare este și cetățean român;

c) adoptatorul este soț al părintelui firesc al copilului a cărui adopție se solicită.

Potrivit legii române, nu sunt prevăzute nici un fel de taxe pentru a urma procedura de adopție internațională și nici pentru cea internă.

Pentru respectarea principiului subsidiarității adopției internaționale în raport cu cea internă, în demersurile de adopţie au prioritate persoanele/familiile cu reşedinţă obişnuită în România, motiv pentru care vârsta copiilor care vor fi eligibili pentru adopţia internaţională va fi de cel puţin 3 ani.

Înainte de încuviinţarea adopţiei internaţionale de către instanţa judecătorească, adoptatorul/adoptatorii au obligaţia de a se deplasa şi de a locui efectiv pe teritoriul României pentru o perioadă de minimum 30 de zile, în scopul relaţionării cu copilul pe care urmează să îl adopte.

Relaţionarea copilului cu adoptatorul/familia adoptatoare se va realiza în sectorul/judeţul de domiciliu al copilului, prin vizite şi întâlniri atât la locuinţa copilului, în spaţii de joacă şi recreere, precum şi în alte locuri stabilite de responsabilul de caz, care să permită acomodarea şi interacţiunea dintre aceştia.

Numărul întâlnirilor dintre copil şi adoptatori trebuie să fie de minimum 8, dintre care cel puţin 4 să se desfăşoare în prezenţa responsabilului de caz şi/sau psihologului.

Din cuprinsul documentelor eliberate de autorităţile străine competente, anexate la cererea de adopţie, trebuie să rezulte expres numărul de copii, vârsta, după caz sexul şi eventualele nevoi speciale ale copilului la care adoptatorul/familia adoptatoare poate răspunde. Documentele se transmit în original sau copie legalizată, însoţite de traducerea legalizată în limba română. Toată documentaţia se transmite şi în fotocopie.

Adopţia se finalizează în România, instanţa judecătorească română încuviinţează adopţia, se emite un nou certificat de naştere pentru copil (în care adoptatorii vor fi trecuţi la rubrica „părinţi" ai copilului), apoi se emite paşaport pentru copil.

După rămânerea definitivă a hotărârii judecătoreşti de încuviinţare a adopţiei, părintele adoptator/familia adoptatoare trebuie să solicite instituţiei Certificatul de conformitate cu convenţia de la Haga – document în baza căruia adopţia e recunoscută automat în toate statele semnatare ale Convenţiei de la Haga. Ulterior se poate obţine paşaport pentru copil.

Adopţia internaţională a unei persoane majore:

În aceste situaţii nu se aplică prevederile Convenţiei de la Haga.

Potrivit art. 455 din Codul Civil al României, „poate fi adoptată persoana care a dobândit capacitate deplină de exerciţiu, dacă a fost crescută în timpul minorităţii de către cel care doreşte să o adopte". Dovada că persoana majoră a fost crescută în timpul minorităţii de către cel care doreşte să o adopte se poate face în faţa instanţei judecătoreşti cu orice mijloace de probă admise de lege (martori, înscrisuri etc.).

O altă condiţie de fond este prevăzută de art. 460 din Codul Civil, conform căruia: „adoptatorul trebuie să fie cu cel puţin 18 ani mai în vârstă decât adoptatul. Pentru motive temeinice, instanţa de tutelă poate încuviinţa adopţia chiar dacă diferenţa de vârstă dintre adoptat şi adoptator este mai mică decât 18 ani, dar nu mai puţin de 16 ani".

Părţile la procesul de încuviinţare a adopţiei majorului sunt adoptatorul şi persoana majoră a cărei adopţie se solicită.

Părinţii biologici ai persoanei majore nu au calitatea de parte la acest proces şi nici nu este necesar consimţământul acestora la adopţia persoanei majore.

Referitor la recunoaşterea în străinătate a unei adopţii internaţionale a majorului încuviinţată în România se aplică prevederile legislaţiei străine.

Capitolul 2
Etapele procesului de adopţie

„Ca fiinţe umane, suntem cu toţii un dar divin pentru orice familie, pentru umanitate. Fiecare copil se naşte cu un scop şi cu o misiune specială în această lume, iar adopţia constituie uneori o misiune specială."

Psiholog Luminiţa Panait, Facilitator Constelaţii Sistemice Familiale

2.1 Primii paşi pe drumul procesului de adopţie

Etapele adopţiei şi primele demersuri efectuate în vederea obţinerii atestatului de familie/persoană aptă să adopte le-am extras din *„Manualul viitorilor părinţi adoptivi"*, publicat de către Oficiul Român pentru Adopţii.

Deoarece adopţia va schimba viaţa părinţilor adoptivi, dar şi pe cea a copilului adoptat, este important să cunoaştem consecinţele adopţiei, iar aspectele descrise în rândurile de mai jos ţin seama de factorii psiho-sociali şi legali.

Primul pas este să ne adresăm specialiştilor care lucrează în cadrul compartimentului specializat de adopţie de la nivelul Direcţiei Generale de Asistenţă Socială şi Protecţia Copilului din judeţul sau sectorul de domiciliu. Pe parcursul primei vizite la Protecţia Copilului, vom fi informaţi asupra procedurii care trebuie urmată şi vom primi un material informativ în scris, despre procedura adopţiei.

Schematic, etapele adopţiei, extrase din „Manualul viitorilor părinţi adoptivi", p. 3, sunt:

1. Informarea prealabilă privind documentaţia necesară, demersurile şi durata adopţiei
2. Depunerea cererii de evaluare a garanţiilor morale şi a condiţiilor materiale în vederea obţinerii atestatului de persoană/familie aptă să adopte
3. Evaluarea şi pregătirea persoanelor/familiilor care doresc să obţină atestatul de persoană/familie aptă să adopte
4. Obţinerea atestatului de persoană/familie aptă să adopte
5. Potrivirea unui copil declarat adoptabil cu persoana/familia atestată
6. Încredinţarea copilului în vederea adopţiei la persoana/familia atestată
7. Încuviinţarea adopţiei
8. Monitorizarea post-adopţie

Compartimentul specializat de adopţie şi post-adopţie va desemna un responsabil de caz care va avea grijă să primim toate informaţiile de care avem nevoie pe parcursul întregii proceduri de adopţie. Responsabilul de caz este de profesie asistent social şi ne va evalua din punct de vedere social pentru a stabili dacă suntem apţi să adoptăm.

Nu există o limită superioară de vârstă până la care se poate adopta, însă evaluarea socială şi psihologică a specialiştilor va evidenţia existenţa abilităţilor parentale pentru creşterea unui copil de o anumită vârstă şi posibilitatea de a-i asigura un mediu de dezvoltare armonios și permanent.

Durata demersurilor solicitanților de la prima vizită la Direcție și până la încuviințarea adopției variază în funcție de mai mulți factori, astfel încât nu poate fi stabilit cu exactitate un termen. De regulă, durata adopției este influențată de numărul copiilor adoptabili din sectorul/județul de domiciliu al persoanelor/familiilor ce doresc să adopte, de preferințele solicitanților în ceea ce privește copilul (vârstă, sex, situație psiho-socială), precum și de stabilirea compatibilității dintre copiii adoptabili și familiile atestate în așteptare.

Personal, a trebuit să aștept un an și șapte luni din momentul depunerii cererii la sediul D.G.A.S.P.C. Argeș și până în momentul în care mi-a fost prezentat un copil. Preferințele mele și ale soțului legate de copilul pe care am dorit să-l adoptăm au fost: vârsta între 1 și 3 ani, am dorit să adoptăm un copil indiferent de sex (am bifat ambele opțiuni fată/băiat), clinic sănătos, de orice naționalitate (mai puțin de etnie rromă). Practic, ne-am cunoscut băiatul după ce am fost atestați a doua oară ca familie aptă să adopte, deoarece valabilitatea atestatului a fost de un an.

Actele necesare pentru atestarea ca persoană/familie aptă să adopte sunt:

a) copie după buletinul/cartea de identitate, permisul de ședere pe termen lung sau, după caz, cartea de rezidență permanentă;

b) declarație autentică pe propria răspundere cu privire la locuirea efectivă și continuă pe teritoriul

Cristina Alina Năftănăilă

României în ultimele 12 luni anterioare depunerii cererii de evaluare, neexistând absenţe temporare care cumulat să depăşească 3 luni;

c) copie legalizată după certificatul de naştere;

d) copie legalizată după certificatul de căsătorie sau hotărârea de divorţ/certificatul de divorţ, dacă este cazul;

e) copie după titlul de proprietate sau alt document care să ateste dreptul de folosinţă a locuinţei;

f) certificatul de cazier judiciar;

g) adeverinţe de venit sau alte documente care atestă veniturile solicitantului/solicitanţilor;

h) certificat/adeverinţă medical/medicală eliberat/eliberată de medicul de familie privind starea de sănătate şi eventualele boli cronice, însoţit/însoţită de rezultatul evaluării psihiatrice;

i) minimum două caracterizări de la ultimul loc de muncă pentru fiecare solicitant;

j) declaraţia soţului care nu se asociază la cererea de adopţie, cu indicarea expresă a motivelor neasocierii;

k) declaraţie autentică pe propria răspundere din care să rezulte că solicitantul/solicitanţii nu este/sunt decăzut/decăzuţi din drepturile părinteşti, precum şi referitor la faptul că nu are/au copil/copii în sistemul de protecţie specială;

l) certificatul de cazier judiciar al persoanelor cu care solicitantul locuieşte;

m) certificat/adeverință medicală eliberat/eliberată de medicul de familie privind starea de sănătate a celorlalte persoane cu care locuiește solicitantul, cu menționarea eventualelor boli cronice, însoțit/însoțită de rezultatul evaluării psihiatrice.

Obținerea atestatului nu este necesară pentru adopția persoanei majore și pentru adopția copilului de către soțul părintelui firesc sau adoptiv.

Adopția se poate efectua și de către persoanele necăsătorite. Și părinții singuri pot face față cu succes adopției în condițiile în care își asumă responsabilitățile pe care aceasta le implică și relaționează cu copilul adoptat arătând înțelegere, grijă și iubire.

În ceea ce privește vârsta copilului pe care dorim să-l adoptăm, de obicei, majoritatea adulților preferă adopția unui copil mic pornind de la ideea că acesta nu înțelege că a trecut prin abandonul de către părinții biologici și, prin urmare, nu există consecințe negative asupra copilului legate de acest eveniment traumatizant. În realitate, consecințele evenimentelor negative sunt exprimate diferit în funcție de vârsta copilului.

Avantajele legate de adopția unui copil mai mare, din punctul de vedere al specialiștilor, sunt următoarele:

- puteți afla mai multe despre preferințele, abilitățile, talentele și personalitatea lui;
- există mai multe informații legate de trecutul copilului (boli ale copilăriei, particularități în

dezvoltare) care pot contribui la o cunoaştere mai completă a lui;

- există afecţiuni care nu pot fi diagnosticate decât la o vârstă mai mare (de ex. sindromul alcoolic fetal);
- a dobândit deja anumite deprinderi de viaţă (îngrijire corporală, îmbrăcat, hrănire);
- îşi aminteşte mai multe despre trecutul lui şi îl puteţi ajuta să păstreze şi să gestioneze aceste amintiri ca parte a identităţii lui, fapt care vă va permite, în acelaşi timp, să îl cunoaşteţi mai bine.

După ce am depus toate actele necesare, împreună cu cererea de evaluare a garanţiilor morale şi a condiţiilor materiale, vom fi invitaţi la sediul Direcţiei pentru o întâlnire de informare. Această întâlnire va fi susţinută de unul sau doi profesionişti (asistenţi sociali şi/sau psihologi) şi va dura aproximativ 4 ore. De regulă, această întâlnire de informare este realizată pentru un grup de maximum 8 cupluri (16 persoane) care au luat decizia de a adopta un copil.

Evaluarea persoanei/familiei adoptatoare este o etapă importantă, deoarece pe parcursul acesteia vor fi evaluate resursele de care dispunem pentru a creşte şi îngriji un copil, capacităţile parentale, interacţiunile din cadrul familiei şi din comunitate, motivaţia de a adopta. Conform Legii 57/2016, privind adopţia, procesul de evaluare durează 90 de zile, iar rezultatul evaluării duce la eliberarea/neeliberarea atestatului de persoană/familie aptă să adopte.

Evaluarea socială vizează următoarele aspecte:
- date privind persoana/familia potențial adoptatoare;
- date generale despre solicitanți: structura familiei, cu detalii generale despre data și locul nașterii, domiciliul solicitanților, studiile și domeniul în care profesează, locul de muncă și venitul obținut, etnia, religia și limba vorbită în familie, dacă au avut antecedente penale;
- date despre copiii biologici/adoptați/în plasament (dacă este cazul): cum se văd ei înșiși, relațiile semnificative cu alte persoane și cu părinții, identitatea etnică, temperamentul, talentele și nevoile speciale, atitudinea față de potențiala adopție, modul în care au fost implicați în procesul de pregătire a adopției;
- informații despre alte persoane care locuiesc la același domiciliu: relația cu solicitanții, dacă vor locui în continuare în aceeași locuință, atitudinea lor față de adopția unui copil, cât de important este acordul lor pentru solicitanți;
- profilul solicitanților (temperament, atitudini față de alte etnii, culturi, percepția față de societatea actuală, relațiile de familie, pasiuni, talente);
- climatul intrafamilial (relații anterioare semnificative, relația prezentă – evoluția relației, rezolvarea conflictelor, comunicare, domenii de interes, sentimente, roluri și așteptări –, stilul de viață, capacitatea parentală);
- motivul adopției;
- situația financiară (inclusiv atitudinea față de bani și probleme financiare);
- familia extinsă (structura familiei cu detalii despre părinții și frații solicitanților, detalii semnificative

despre membrii familiei, relaţiile trecute şi prezente ale familiei);
-	reţeaua de sprijin (relaţiile/sistemele cele mai semnificative şi importanţa acestora pentru solicitanţi în legătură cu adopţia);
-	informaţii de la locul de muncă (experienţa de lucru, serviciul actual sau viitor, importanţa muncii, atitudinea faţă de muncă, modul în care afectează aceasta viaţa de familie şi rolurile din familie, satisfacţia în muncă).

În momentul evaluării familiei mele, am aflat că în privinţa evaluării financiare trebuie să dovedim că veniturile noastre corespund salariului minim net pe economie (la nivelul anului 2012) înmulţit cu numărul de persoane din care este compusă familia (luând în considerare copilul/copiii pe care îl/îi vom adopta).

Bineînţeles că existenţa unui cont de economii la bancă, a unei maşini personale, a unor venituri din chirii sau a altor venituri suplimentare reprezintă un avantaj.

Evaluarea are loc atât la domiciliul familiei adoptatoare, cât şi la sediul Direcţiei, în funcţie de natura componentei de evaluare (evaluarea psihologică, evaluarea socială sau pregătirea). Astfel, evaluarea socială se realizează la domiciliul familiei adoptatoare, pentru a permite specialiştilor să observe condiţiile de trai şi dacă acestea sunt potrivite creşterii şi îngrijirii unui copil.

Evaluarea psihologică şi sesiunile de pregătire în vederea asumării în cunoştinţă de cauză a rolului de părinte se desfăşoară la sediul Direcţiei, în spaţii special amenajate.

Informaţiile necesare realizării evaluării sociale vor fi obţinute în urma vizitelor asistentului social la domiciliul dumneavoastră, prin intermediul discuţiilor pe care le veţi avea şi prin observaţiile legate de mediul în care trăiţi, dar şi cu ajutorul altor persoane care ar putea oferi informaţii relevante despre dumneavoastră, cum ar fi: membrii familiei extinse, persoane din mediul de muncă, persoane de referinţă din comunitate, vecini ş.a.m.d.

Prin intermediul *evaluării sociale*, specialiştii se vor asigura că putem oferi, în calitate de părinţi adoptivi, condiţiile optime pentru dezvoltarea armonioasă a unui copil şi că acesta va intra într-un mediu familial echilibrat şi sănătos din punct de vedere al condiţiilor de trai, al relaţiilor din cadrul familiei şi al modelelor pe care acesta le va avea în dezvoltarea lui.

Evaluarea psihologică se face la sediul Direcţiei pentru Protecţia Copilului, pe parcursul câtorva întâlniri, individual şi în cuplu. Pe parcursul întregului proces de evaluare psihologică, psihologul urmăreşte cu prioritate existenţa capacităţilor parentale şi identifică, împreună cu noi, resursele pe care le avem în vederea dezvoltării acelor capacităţi parentale care sunt insuficient dezvoltate. Una dintre întâlnirile prevăzute în cadrul evaluării psihologice va fi de consiliere în vederea asumării în cunoştinţă de cauză a rolului de viitor părinte. Şedinţele de evaluare psihologică au loc într-un spaţiu special amenajat, care asigură intimitatea şi siguranţa persoanelor evaluate, iar durata unei şedinţe de evaluare psihologică este de 45-50 de minute.

Cristina Alina Năftănăilă

Evaluarea psihologică vizează următoarele aspecte:

- anamneza persoanei adoptatoare sau a fiecărui membru al cuplului conjugal (antecedente psihiatrice; evenimente psihotraumatizante; autoadministrare excesivă de tranchilizante, sedative; consum de alcool, droguri, alte substanţe; alte dependenţe; stabilitate emoţională, capacitate de autocontrol; capacitate de exprimare a emoţiilor şi sentimentelor; rezistenţă la stres; experienţa personală privind separarea/pierderea; capacitatea de a depăşi eşecuri şi neîmpliniri; gândire pozitivă; idealuri în viaţă; concepţie despre viaţă; autocaracterizare; caracterizarea partenerului; atenţie şi disponibilitate la nevoile celorlalţi; empatie, răbdare, compasiune);

- istoria maritală şi relaţia de cuplu (relaţia de cuplu dinainte de căsătorie; modul de construire a rolurilor maritale; stabilitatea afectivă a cuplului; nivelul şi calitatea comunicării în cadrul cuplului; împărţirea rolurilor maritale; proiecte de viitor; domenii de tensiune/conflict; modalităţi de rezolvare a problemelor/conflictelor; modalităţi de împărtăşire a problemelor; aşteptări unul faţă de celălalt; mod de împărtăşire a iubirii, tandreţei; concordanţa părerilor şi convingerilor);

- relaţia cu părinţii (relaţia cu mama; relaţia cu tata; propria copilărie: cum a perceput experienţele pozitive şi negative; cum apreciază abilităţile parentale ale propriilor părinţi/persoane de îngrijire; ce ar face în aceleaşi situaţii în calitate de părinte: ce ar schimba în raport cu propriii copii şi cum ar face acest lucru, ce consideră că a fost greşit în comportamentul părinţilor);

- relaţiile cu ceilalţi (relaţia cu familia extinsă; relaţia cu prietenii; relaţia cu comunitatea; frecvenţa şi calitatea contactelor cu aceştia; eventuale conflicte; disponibilitatea familiei, prietenilor, vecinilor ca reţea de sprijin; atitudinea acestora faţă de adopţie; relaţia cu alţi copii: proprii, din familie, din comunitate);

- stilul de viaţă al familiei (sistemul de valori, convingeri şi norme; atitudinea faţă de viaţă; programul zilnic, săptămânal, lunar, anual al familiei; modul de petrecere a vacanţelor; gestionarea timpului liber; sărbătorirea evenimentelor importante; reguli în familie; atitudinea faţă de educaţia copiilor);

- motivaţia de a adopta (acceptarea propriei sterilităţi; iniţierea proiectului adopţiei; experienţa adopţiei; avantaje şi dezavantaje ale adopţiei; motivul pentru care doresc să adopte; speranţe legate de evenimentul adopţiei; ce anume i-ar împiedica să finalizeze adopţia);

- aşteptările în legătură cu adopţia (cunoaşterea nevoilor copilului adoptabil; aşteptări referitoare la copilul adoptat; temeri, anxietăţi, incertitudini; „copilul imaginar" – vârstă, sex, etnie, religie, probleme medicale şi psihologice – versus „copilul real"; modalităţi de informare a copilului despre adopţie şi despre familia sa de origine; modelul educaţional pentru copil; proiecte de viitor);

- capacităţile parentale (reprezentarea ca familie; modul în care îşi percep rolul de viitori părinţi; experienţa îngrijirii copiilor sau lucrului cu copiii; capacitatea de a-şi împărţi rolurile şi responsabilităţile creşterii „copilului adoptat"; gestionarea sentimentelor şi emoţiilor în relaţie cu copiii; gestionarea situaţiilor dificile; disponibilitatea la schimbare; capacitatea de a înţelege schimbările care se impun în stilul de viaţă al familiei odată cu adopţia; acceptarea individualităţii copilului; înţelegerea etapelor de dezvoltare ale copiilor şi a modului în care dezvoltarea este influenţată de experienţele timpurii ale „copilului adoptat"; protejarea copilului împotriva oricăror forme de abuz; flexibilitatea în expectanţe, atitudini şi comportamente conform vârstei, nevoilor şi particularităţilor copiilor; stabilirea limitelor, regulilor de disciplină; sistemul de pedeapsă-recompensă; atitudinea faţă de dezvăluirea secretului adopţiei; înţelegerea motivelor separării copiilor de părinţii lor, capacitatea de a înţelege „relaţia" copilului cu familia sa de origine).

La finalul etapei de evaluare, profesioniştii care au lucrat cu familiile sau persoanele ce doresc să adopte pe parcursul celor 90 de zile vor analiza toate informaţiile obţinute, iar pe baza rezultatelor acestei analize vor întocmi un raport final de evaluare care va conţine şi recomandarea acestora de a se acorda sau nu atestatul de persoană/familie aptă să adopte.

După obţinerea atestatului, ar trebui teoretic să intrăm în etapa de potrivire cu un copil adoptabil. Însă, de cele mai multe ori, această etapă se realizează după mai mult de un an de aşteptare, iar dacă atestatul expiră (valabilitatea lui este de doi ani) şi dacă dorim cu ardoare să devenim părinţi, va trebui să reluăm procedura, începând cu cererea depusă la sediul Direcţiei pentru Protecţia Copilului, la care se anexează toate documentele amintite anterior. Urmează evaluarea socială şi psihologică de 90 de zile, în scopul de a obţine un nou atestat de persoană/familie aptă să adopte. Acest lucru este necesar deoarece pe parcursul celor doi ani pot apărea modificări faţă de situaţia iniţială a familiei (şomaj, divorţ etc.).

În perioada de aşteptare pentru potrivirea cu un copil adoptabil este interzis să căutăm prin relaţii proprii un copil, deoarece nu putem şti care sunt caracteristicile acestuia, putând exista incompatibilităţi între nevoile sale specifice şi ceea ce-i putem noi oferi ca familie adoptatoare, şi, cel mai important, nu cunoaştem situaţia reală a acestuia (dacă este adoptabil) iar încercarea noastră se poate finaliza cu o traumă emoţională a copilului.

Răbdarea este singura opţiune pe care o avem pentru a intra în ***etapa de potrivire cu un copil adoptabil***. Scopul etapei de potrivire este acela de a preveni problemele care pot apărea într-o familie adoptatoare după încuviinţarea adopţiei, asigurându-se şanse maxime de reuşită.

Pornindu-se de la particularităţile şi nevoile specifice ale copilului, se selectează familia adoptatoare care deţine capacităţi parentale ce răspund adecvat cerinţelor copilului.

Prin potrivire se stabileşte dacă şi în ce măsură copilul se poate integra în acea familie adoptatoare, adică ce probabilitate există ca între ei să se închege o relaţie trainică, bazată pe afectivitate. În final, copilul va fi încredinţat în vederea adopţiei acelei persoane/familii cu care are şanse maxime de a constitui o familie armonioasă.

Etapa de potrivire conţine două componente: potrivirea teoretică şi potrivirea practică.

Potrivirea teoretică se realizează pe baza următoarelor criterii publicate în Ordinul 550/2012:

I. Criterii de potrivire pentru copil:
1. Existenta unor fraţi/surori adoptaţi/adoptate/adoptabili/adoptabile
2. Existenţa unei rude până la gradul al IV-lea care doreşte să adopte copilul
3. Viaţa de familie cu un adoptator/o familie adoptatoare, cu o durată de cel puţin 6 luni
4. Judeţul de domiciliu
5. Vârsta
6. Originea etnică
7. Sexul
8. Limba
9. Starea de sănătate şi nivelul de dezvoltare

II. Criterii de potrivire pentru persoana/familia adoptatoare:
1. Adopţia unui copil care este fratele/sora biologic/biologică al/a copilului pentru care se realizează potrivirea teoretică
2. Gradul de rudenie cu copilul pentru care se realizează potrivirea teoretică
3. Viaţa de familie cu copilul adoptat, cu o durată de cel puţin 6 luni
4. Numărul copiilor înscrişi în atestat
5. Judeţul de domiciliu
6. Vârsta copilului pe care îl poate adopta persoana/familia
7. Etnia copilului pe care persoana/familia doreşte să îl adopte
8. Sexul copilului pe care persoana/familia îl poate adopta

9. Limba vorbită în familie
10. Capacitatea de a răspunde nevoilor unui copil cu o anumită stare de sănătate/un anumit nivel de dezvoltare

În urma inițierii potrivirii teoretice, luând în considerare cele 9 criterii generale, Direcția de Protecție a Copilului și pe baza informațiilor cuprinse în dosare (cel al copilului și cel al adoptatorului). Reprezentanții Direcției vor selecta o familie pentru a continua cu următoarea etapă, cea a potrivirii practice.

Potrivirea unui copil adoptabil începe prin căutarea unei persoane/familii compatibile care are domiciliul în raza teritorială a aceleiași Direcții. Doar dacă nu poate fi identificată o astfel de persoană/familie adoptatoare, se recurge, prin intermediul evidenței naționale a tuturor familiilor adoptatoare atestate, la potrivirea cu o persoană/familie din alt județ (sector).

Potrivirea practică urmează celei teoretice și are scopul de a verifica, prin relaționare nemijlocită, compatibilitatea dintre copil și persoana/familia selectată. Este o intervenție complexă, care implică informarea despre întâlniri a copilului, a adoptatorului și a altor persoane de referință pentru copil, precum și pregătirea tuturor acestora, astfel încât acomodarea copilului cu persoana/familia adoptatoare să decurgă optim. Fiecăruia i se explică implicațiile întâlnirilor și se încurajează exprimarea trăirilor, atitudinilor și opiniilor.

Profesioniștii asigură sprijin calificat, mai ales în situații dificile. Întâlnirile dintre copil și persoana/familia potenţial adoptatoare au rolul de cunoaştere şi adaptare reciprocă. Vor avea loc în mediul de viaţă al copilului, pe „teren neutru" (în parc, de exemplu) şi la domiciliul adoptatorului.

Treptat, dacă nu apar probleme deosebite, începe să se dezvolte o relaţie de ataşament între copil şi potenţialul adoptator. Numărul total al vizitelor necesare pentru o evaluare pertinentă a compatibilităţii dintre copil şi persoana/familia adoptatoare se stabileşte de profesionişti în funcţie de modul de relaţionare dintre copil şi persoana/familia respectivă. Vizitele trebuie să permită apropierea afectivă şi o interacţiune cât mai autentică între persoanele implicate. După prima întrevedere, va exista o perioadă de acomodare între familie şi copil, de ajustare a reacţiilor iniţiale (prea reţinute, sau, dimpotrivă, exagerate). Abia după depăşirea acestei perioade relaţionarea poate fi observată şi evaluată în bune condiţii de către specialişti.

În cazul nostru, ca familie adoptivă, această etapă de potrivire practică a durat trei luni. O contribuţie importantă în acest proces de potrivire practică a avut-o şi asistentul maternal la care s-a aflat copilul în acel moment, deoarece l-a pregătit din punct de vedere emoţional pentru a se muta împreună cu noi.

Noi am ales să ne vedem băiatul atât la domiciliul asistentului maternal, cât şi acasă la noi, pentru a se putea acomoda cu noua sa locuinţă şi pentru a cunoaşte câteva persoane din familie. Nu voi uita niciodată prima întâlnire cu băieţelul nostru. Avea 2 ani şi 3 luni când l-am văzut prima dată şi am simţit instantaneu că acela avea să fie copilul nostru, fără nici o urmă de îndoială.

În „ziua cea mare", însoțiți de asistenții sociali și un psiholog, am ajuns acasă la asistentul maternal, într-o comună apropiată de Câmpulung, unde un înger blond cu părul cârlionțat ne privea temător, ținându-se cu mâinile de piciorul asistentei maternale. Vizita a durat aproximativ o oră. După ce au fost făcute prezentările, asistenții sociali s-au retras și ne-au lăsat singuri cu copilul pentru a putea realiza o ușoară apropiere afectivă. Era un moment crucial atât pentru noi, cât și pentru copil și în sinea mea îmi doream să reușesc să-i captez atenția și să-i confer în același timp sentimentul de siguranță. Aveam la noi un dinozaur de pluș, care a devenit mai târziu jucăria sa favorită, și multe dulciuri, știind că în acea casă se aflau încă doi copii.

Ceea ce mi-am dorit s-a realizat. Nu a acordat mare atenție cadourilor, pentru că era speriat și se ținea în continuare cu mâinile de piciorul asistentei maternale, așa că mi-a venit ideea să-i arăt pe tabletă un joc cu un motan vorbitor. Era ceva ce nu văzuse până atunci, așa că a venit imediat lângă noi. A fost punctul de plecare în conversațiile ulterioare din acea zi. I-am făcut și o fotografie pentru a ne aminti mereu acele clipe.

Vă sfătuiesc să aveți încredere în asistenții sociali atunci când sunteți chemați la Direcția pentru Protecția Copilului în scopul realizării potrivirii practice. Consider că aceștia au dobândit o experiență vastă de-a lungul timpului și au dezvoltat abilități speciale în potrivirea familiei adoptatoare cu un copil adoptabil, astfel că rata de reuşită a adopţiilor este mai mare de 90%.

Nu vă lăsaţi descurajaţi dacă prima întâlnire cu copilul prezentat nu s-a desfăşurat în conformitate cu aşteptările dumneavoastră. Copiii au, în general, reacţii imprevizibile. În zilele pe care le trăim, orice se poate obţine cu relaţii sau bani, însă un copil se cucereşte cu multă dragoste şi răbdare.

Încredinţarea în vederea adopţiei este etapa imediat următoare realizării potrivirii teoretice şi practice, prin care se urmăreşte facilitarea acomodării şi integrării copilului în cadrul familiei adoptatoare. În această etapă, responsabilitatea creşterii şi îngrijirii copilului este dată în sarcina persoanei/familiei adoptatoare de către instanţa judecătorească, la propunerea Direcţiei, iar dreptul de a încheia acte juridice este transmis Consiliului Judeţean sau local în cazul municipiului Bucureşti, de la domiciliul adoptatorului.

Parcurgerea acestei etape trebuie să fie realizată având în vedere schimbările ce intervin în cadrul familial al adoptatorilor, dar şi în viaţa copilului, pentru a facilita trecerea copilului de la un mediu de viaţă la altul şi pentru a sprijini adoptatorii cu privire la modalităţile de creştere şi îngrijire a copilului. De asemenea, în vederea încuviinţării unei adopţii, instanţa judecătorească va aprecia, pe baza informaţiilor cuprinse în rapoartele de monitorizare bilunare care vor fi întocmite de specialişti pe parcursul perioadei de încredinţare, asupra relaţiilor de familie care s-ar stabili dacă adopţia ar fi încuviinţată.

Cu alte cuvinte, fără încredințare în prealabil nu se poate finaliza procedura de adopție.

Încredințarea durează, de regulă, 90 de zile, însă, în anumite situații determinate de observațiile specialiștilor din cadrul compartimentului specializat de adopție, această etapă poate fi prelungită sau se poate încheia mai devreme. Durata încredințării în vederea adopției poate fi prelungită la cerere, dacă specialiștii care monitorizează evoluția copilului în cadrul familiei adoptatoare, utilizând metode și tehnici de specialitate, constată că acomodarea nu s-a definitivat, fiind totuși posibilă într-un interval de timp mai mare de 90 de zile.

De la obligația de a încredința copilul în vederea adopției, legea instituie patru excepții, pentru situațiile în care copilul a locuit împreună cu persoana/familia care urmează să-l adopte și este în interesul copilului să fie adoptat de respectiva persoană/familie:

- pentru adopția persoanei majore de către familia care a crescut-o în timpul minorității;
- pentru adopția copilului de către soțul părintelui firesc sau adoptiv;
- pentru adopția copilului pentru care a fost deschisă procedura adopției interne și acesta a fost plasat la persoana/familia adoptatoare iar măsura plasamentului durează de cel puțin 90 de zile;
- pentru adopția copilului de către tutorele său, dacă au trecut cel puțin 90 de zile de la data instituirii tutelei.

În situaţia în care sunt mai mulţi fraţi în sistemul de protecţie specială a copilului, este necesar ca aceştia să fie încredinţaţi împreună, fapt pentru care persoana sau familia adoptatoare trebuie să aibă disponibilitatea şi capacitatea să îngrijească mai mulţi copii.

Copilul pentru care a fost deschisă procedura adopţiei interne poate fi încredinţat numai unei persoane/familii care a dobândit atestatul de persoană/familie aptă să adopte şi care răspunde nevoilor identificate ale copilului. În analiza posibilităţii încredinţării copilului la o persoană/familie se iau în considerare, cu prioritate, rudele copilului şi persoana/familia care a avut în plasament copilul şi faţă de care copilul a dezvoltat relaţii de ataşament.

Încredinţarea în vederea adopţiei se face numai de către instanţa judecătorească, în baza cererii înaintate de către Direcţia de Protecţie a Copilului de la domiciliul acestuia, ca urmare a realizării procesului de identificare a celei mai potrivite familii pentru copil.

Prin încredinţarea în vederea adopţiei se stabileşte domiciliul copilului la persoana/familia adoptatoare şi, totodată, este transferată persoanei/familiei adoptatoare responsabilitatea realizării activităţilor de zi cu zi prin care sunt exercitate drepturile şi îndeplinite obligaţiile părinteşti în ceea ce îl priveşte pe copil.

Mutarea efectivă a copilului în cadrul familiei atestate ca aptă să adopte se face la momentul la care instanța se pronunță asupra cererii de încredințare depuse de către Direcția de Protecție a Copilului, fiind de acord cu solicitarea acesteia.

În perioada încredințării copilului în vederea adopției, asistentul social și psihologul compartimentului specializat de adopție vor efectua vizite la domiciliul persoanei/familiei adoptatoare în vederea realizării monitorizării evoluției copilului și a rezultatelor acomodării acestuia cu familia. Prin intermediul vizitelor, specialiștii urmăresc evoluția copilului și a relațiilor dintre acesta și persoana/familia căreia i-a fost încredințat, întocmind în acest sens rapoarte ce vor pune accent pe calitatea interacțiunii dintre aceștia și pe identificarea nevoilor. Pe durata încredințării, specialiștii vor sprijini persoana/familia adoptatoare în vederea identificării resurselor și celor mai bune modalități prin care pot răspunde nevoilor copilului.

În situația în care copilul încredințat în vederea adopției este în vârstă de până la 2 sau 3 ani, în cazul copilului cu handicap, persoana sau unul dintre soții familiei atestate beneficiază, la cerere, de concediu de creștere a copilului și de toate drepturile bănești pe care le primește un părinte care beneficiază de acest tip de concediu.

Finalizarea adopției: la sfârșitul perioadei de încredințare în vederea adopției, Direcția pentru

Protecţia Copilului întocmeşte un raport final, referitor la evoluţia relaţiilor dintre copil şi adoptatori, pe care îl comunică instanţei competente în vederea soluţionării cererii de încuviinţare a adopţiei. Raportul final este realizat pornind de la concluziile şi propunerile specialiştilor făcute pe întreaga perioadă de încredinţare în vederea adopţiei şi conţine o evaluare privind rezultatele acomodării copilului cu persoana/familia adoptatoare, precum şi o propunere cu privire la încuviinţarea adopţiei, prelungirea sau revocarea acesteia, după caz.

Pentru situaţiile copiilor adoptaţi de către soţul părintelui firesc şi ale persoanelor adoptate de către persoanele care le-au crescut în timpul minorităţii, cererea de încuviinţare poate fi formulată direct de către persoana sau familia care doreşte să adopte.

Odată încuviinţată adopţia, conform legislaţiei în domeniul adopţiei, Direcţia de la domiciliul copilului, prin compartimentul specializat de adopţie, urmăreşte evoluţia copilului şi a relaţiilor dintre acesta şi părinţii săi adoptivi pe o perioadă de cel puţin 2 ani.

Vizitele post-adopţie sunt efectuate, o dată la trei luni, de către o echipă formată din doi specialişti: un asistent social şi un psiholog. În etapa de post-adopţie, specialiştii din cadrul compartimentului specializat de adopţie evaluează evoluţia copilului în cadrul noii familii şi relaţia copil-familie, identifică eventualele dificultăţi în dezvoltarea copilului, informează familia cu privire la particularităţile etapelor de dezvoltare a copilului, dezvoltarea ataşamentului şi dinamica familiei, precum şi cu privire la alte teme de interes, în funcţie de nevoile copilului şi ale familiei adoptatoare.

Consider că această perioadă de vizite post-adopţie este de un real folos pentru părinţii adoptivi, deoarece pot discuta concret despre toate dificultăţile pe care le întâmpină şi pot să primească ajutor înainte să apară o situaţie de criză.

În perioada post-adopţie am fost invitaţi, împreună cu băiatul nostru, la Conferinţa Naţională dedicată *„ZILEI NAŢIONALE PENTRU ADOPŢIE"* ce a avut loc în luna iunie 2014 în judeţul Argeş, eveniment la care am avut prilejul să cunoaştem povestea altor familii care au adoptat copii, iar Alexandru a putut să interacţioneze cu ei. Tot în perioada post-adopţie am participat la un seminar desfăşurat la sediul Direcţiei pentru Protecţia Copilului din Piteşti, unde am fost invitaţi, în calitate de familie adoptivă, să răspundem întrebărilor adresate de către familiile sau persoanele ce urmau să adopte un copil şi erau în aşteptare. Şi cu această ocazie, Alexandru a cunoscut şi s-a jucat cu alţi copii adoptaţi ce au venit la acest seminar însoţiţi de părinţii lor.

Poate acum, când citiţi aceste rânduri, nu consideraţi necesar să participaţi la astfel de întâlniri, dar vă pot spune din propria experienţă că beneficiile pentru copiii adoptaţi sunt imense. Sunt momente care se vor întipări în memoria lor şi le vor conferi sentimentul că nu sunt „extratereştri", ci că sunt la fel ca alţi copii.

2.2 Sfaturi practice pentru viitorii părinţi

Să nu uităm că un copil adoptat este, înainte de toate, un copil care a suferit o traumă, fiind abandonat de mama care l-a născut. Cu siguranţă, ea nu trebuie nici criticată, nici blamată, pentru că, de cele mai multe ori, nu a avut de ales; şi nici nu este cazul să insistăm aici asupra numeroaselor cauze care le împing pe mame să-şi încredinţeze copiii spre a fi adoptaţi.

Dar acest copil, oricare ar fi explicaţia pe care o putem da, s-a aflat într-o zi în braţele mamei care l-a născut, iar a doua zi, aceasta dispăruse. Degeaba a plans şi a chemat-o. Ea nu s-a mai întors niciodată. Memoria lui conştientă nu şi-o mai aminteşte, dar creierul lui a înregistrat o mare disperare şi teama că va muri. Aceasta a fost prima rană, cea primitivă.

Apoi, în funcţie de povestea fiecăruia şi de destin, copilul a putut fi încredinţat unei alte persoane, unei instituţii, unei familii de plasament; uneori, el a avut un parcurs în care au apărut numeroase plasamente.

Unii dintre copii, cei mai mari, au fost uneori nevoiţi să se descurce singuri pe stradă pentru a supravieţui, alţii au fost maltrataţi sau au fost lăsaţi ore, zile, săptămâni de-a rândul culcaţi într-un pătuţ, cu biberonul legat de gratiile acestuia...

Putem să ne închipuim că un astfel de copil îşi poate întâlni părinţii adoptivi cu inima plină de dragoste pentru nişte persoane pe care nu le-a văzut niciodată şi care nu sunt nici pe departe primii care se apropie şi se ocupă de el?

Pentru a ajunge în familia lui, copilul a trăit o

nouă despărţire, despărţirea de mediul pe care îl cunoştea – mediu care nu era, poate, prea plin de căldură, dar care era singurul pe care îl cunoştea, în care îşi avea propriile repere –, despărţirea de persoanele care se ocupau de el, poate nu foarte bine, dar erau singurele pe care le cunoştea, despărţirea de un mod de viaţă, de alimentaţie, poate nu prea sănătos, dar singurul pe care îl cunoştea.

Ce simte acest copil? Câtă încredere poate avea în aceşti noi părinţi când, de fapt, încrederea lui a fost de atâtea ori înşelată în trecut? Se va putea oare ataşa de aceşti părinţi şi trăi intimitatea unei vieţi de familie împreună cu ei?

Pe de altă parte, părinţii adoptivi au aşteptat acest copil din toată inima, cu multă nerăbdare. S-au simţit deja părinţi în inima lor înainte să-l cunoască. Aceşti părinţi nu se deosebesc cu nimic de toţi ceilalţi: îşi au trecutul lor de suferinţă legată de sterilitate, dar şi experienţe mai mult sau mai puţin dureroase trăite în copilărie, în viaţa de cuplu, îşi au propriile fragilităţi şi puncte forte, au o putere de empatie mai mare sau mai redusă, îşi au propriile vise legate de o familie ideală, de un copil ideal, au aşteptări uneori exagerate sau, mai degrabă, pe măsura aşteptării lor, a tribulaţiilor prin care au trecut ca să vadă venind această zi mare, cea mai frumoasă dintre toate, începutul fericirii lor, recompensa tuturor eforturilor pe care le-au făcut.

Întrevăd apoi, asemeni unei luminiţe în noapte, adopţia; adopţia ca un alt mod, un mod diferit dar atrăgător de a construi familia pe care natura le-o refuză. Începe atunci pentru ei un drum nou, pe care mulţi părinţi îl numesc „drumul luptătorului". Descoperi cum poţi adopta, ce propun organismele care se ocupă de adopţie, ce ţară să alegi, întâlneşti psihologi, medici, asistenţi sociali, eşti, în sfârşit, acceptat ca posibil candidat, îţi alcătuieşti un dosar şi aştepţi... aştepţi, uneori foarte multă vreme, alteori mai puţin, apoi, în sfârşit, un apel telefonic, o fotografie.

Prin prisma celor expuse mai sus, daţi-i copilului timp şi aveţi răbdare să se obişnuiască cu dumneavoastră, cu situaţia, să vă accepte, să capete încredere şi să vă iubească. Este important să ne apropiem de copil cu căldură, cu înţelegere şi mai ales cu respect pentru el ca fiinţă individuală autonomă. Nu-i invadaţi spaţiul, nu-l „sufocaţi" în încercarea de a vă face plăcut cu orice preţ.

Copiii au propriile mecanisme de orientare în relaţiile cu ceilalţi, care sunt diferite de ale adulţilor. Creaţi-i un mediu cald, deschis şi lăsaţi-l pe el să se apropie atât cât simte nevoia.

• Vorbiţi-i copilului dumneavoastră despre faptul că este adoptat. Vârsta potrivită este considerată de către cei mai mulţi psihologi a fi între doi şi patru ani, însă alţi specialişti consideră potrivită chiar şi vârsta de câteva luni. Aceste discuţii timpurii îi vor arăta copilului că nu ar trebui să se teamă de acest subiect;

• Povestiţi-i micuţului despre „aventura" adopţiei. În copilărie, el adoră poveştile. Puteţi imagina o poveste având ca personaje propria familie (creaţi o carte din fotografii) sau puteţi cumpăra cărţi ce fac referire la acest subiect. De exemplu: *Cărţile junglei, Poveşti terapeutice - Partea a II-a (părinţi, adopţii, divorţuri)*;

• Puteţi păstra unele obiecte ale copilului (jucării, hăinuţe) cât mai mult timp. Eu am păstrat, spre exemplu, pătura în care a fost înfăşat la botez şi fotografiile realizate atunci, prin bunăvoinţa asistentei maternale, care mi le-a înmânat în momentul mutării băiatului în familia noastră. Fotografiile respective, împreună cu alte fotografii pe care le-am realizat în perioada vizitelor

56

acasă la asistenta maternală, dar şi în alte momente, alături de noua sa familie, le-am aşezat într-un album şi, de foarte multe ori, băiatul nostru îl răsfoieşte dorind să ne spună *povestea lui;*

• Ţineţi un jurnal al procesului de adopţie şi al zilelor care urmează. Puteţi scrie în el toate emoţiile resimţite, aşteptările privind copilul ce urmează să intre în familia dumneavoastră şi nu vă fie teamă să-i arătaţi jurnalul atunci când va fi suficient de matur pentru a-şi da seama de trăirile sufleteşti pe care le-aţi avut;

• Mulţi părinţi adoptivi serbează în fiecare an ziua sosirii copilului în familia lor (în plus faţă de celelalte sărbători obişnuite).

Capitolul 3
Rolul mediului familial în dezvoltarea personalităţii copilului

„Familia este asocierea stabilită în mod natural pentru satisfacerea nevoilor zilnice ale omului."
Aristotel

3.1 Familia – definire şi evoluţie

Conceptul de familie apare la Roma, provine din „famulus" (servitor) şi a desemnat ansamblul sclavilor şi al servitorilor ce trăiau sub acelaşi acoperiş. Prin extensie de sens, familia a ajuns să cuprindă agnaţi (rudele pe linie paternă) şi cognaţi (pe linie maternă) şi să devină sinonim cu gens (rudele toate de acelaşi sânge – comunitate formată din aceste rude).

Poulange scria că: „Ceea ce uneşte familia antică este un fapt mult mai puternic decât naşterea, sentimentele şi forţa fizică; este religia căminului şi a strămoşilor. Familia antică este o asociere religioasă ce depăşeşte singura asociere potrivit naturii".

În această concepţie întâlnim termenul de familie până în Renaştere – sec. 14.

Din perspectivă sociologică, familia este instituţia fundamentală în toate societăţile. „Familia este un grup social relativ permanent de indivizi legaţi între ei prin sânge, origine, căsătorie sau adopţie, care împărtăşesc responsabilitatea primară pentru reproducerea şi îngrijirea membrilor societății. Familia reprezintă nucleul instrumental fundamental al structurii sociale mai largi, în sensul că toate celelalte instituții depind de influențele acesteia".

Unitatea biosocială și psihologică de bază a societății, ce se caracterizează prin raporturi de rudenie între persoanele care o alcătuiesc, familia oferă identitate socială ca tutelă, dispune de un anumit buget comun și un sistem de conviețuire, este constituită în și prin afecțiune mutuală, împărtășită. Reglementarea situației familiei, prin cutume sau prin legi scrise, este una dintre cele mai vechi preocupări ale comunităților umane. Familia, în opinia Grațielei Sion, ca nucleu social, înregistrează o evoluție continuă, existând în forme diferite de-a lungul istoriei.

Problematica organizării vieții de familie și a consecințelor ei funcționale, a evoluției rolurilor masculine și feminine apare în lucrările gânditorilor antici și ale celor renascentiști. Odată cu constituirea sociologiei ca știință, familia a reprezentat un obiect de studiu privilegiat.

Dacă la început cercetarea familiei s-a făcut în cadrul unor modele etnolingvistice și istorice, ulterior familia a devenit obiectul unor studii analitice, de ordin psihologic, sociologic, psihosocial, sexologic și psihopatologic, tinzând să fie definită în termeni de comunicare și intercomunicare interpersonală. Aceasta se datorează faptului că, în ultimele decenii, familia a suferit mutații profunde în ceea ce privește structura și funcțiile sale.

Cristina Alina Năftănăilă

Familia este considerată ca fiind temelia societăţii. Ea devine apoi element de stabilitate socială, deoarece relaţiile din cadrul ei dau tonul relaţiilor din societate. Stabilitatea ei determină stabilitatea societăţii.

Natura influenţei familiei asupra dezvoltării copiilor este complexă, motiv pentru care cercetările nu pot izola anumite caracteristici specifice părinţilor şi determină precis efectele acestora în planul dezvoltării anumitor caracteristici specifice la copii.

Căsătoria ca instituţie a apărut cu mult înaintea creştinismului, jucând un rol crucial din punct de vedere social şi economic din timpuri imemoriale. Căsătoria, comuniune de viaţă şi de iubire, este un bun autentic al umanităţii. Este unul dintre evenimentele de seamă din viaţa oamenilor. Căsătoria este o uniune liber consimţită, cu scopul de a forma o familie.

Specificul familiei nucleare moderne rezidă în apariţia unui stil de viaţă caracterizat prin concentrare afectivă, comunicaţională şi acţională a cuplului conjugal, a cărui treptată separare de întreaga ramificaţie de rudenie îi conferă o independenţă proprie cu marcată posibilitate de autoconducere şi autodezvoltare.

Climatul familial este sinonim cu atmosfera sau moralul grupului familial ca grup social mic. Acest climat, care poate fi pozitiv sau negativ, se interpune ca un filtru între influenţele educaţionale exercitate de părinţi şi achiziţiile psiho-comportamentale realizate la nivelul personalităţii copiilor. Drumul de la influenţa educativă la achiziţia comportamentală nu este un drum direct, ci este influenţat de climatul familial: de exemplu, aceleaşi influenţe educative vor avea efecte diferite în funcţie de climatul familial în care acestea se exercită.

Climatul familial poate fi analizat după mai mulţi indicatori, cei mai importanţi fiind următorii:

- modul de raportare interpersonal al părinţilor (acordul sau dezacordul în legătură cu diferite probleme);
- ansamblul de atitudini ale membrilor familiei în raport cu diferite norme şi valori sociale;
- gradul de coeziune a membrilor grupului familial;
- modul în care este perceput şi considerat copilul;
- gradul de acceptare a unor comportamente variate ale copiilor;
- modul de manifestare a autorităţii părinteşti;
- nivelul de satisfacţie resimţit de membrii grupului familial;
- dinamica apariţiei unor stări conflictuale şi tensionale;
- modul de aplicare a recompenselor şi sancţiunilor;
- gradul de deschidere şi sinceritate manifestat de membrii grupului familial.

Climatul familial determină eficienţa influenţelor educative şi are un rol important în creşterea şi dezvoltarea copilului şi adolescentului.

Pe linia dezvoltării intelectuale, familia îşi aduce contribuţia la organizarea vieţii psihice a copilului, prin stimularea procesului de maturizare şi dezvoltare a diverselor sale componente – procese senzoriale, limbajul, memoria, gândirea, atenţia, însuşirile psihice.

Sunt anumite momente care marchează adevărate salturi în dezvoltarea psihică, în producerea cărora aportul familiei este considerabil. Avem în vedere îndeosebi perioada primului an, când se pun bazele vieţii psihice. Perioada pubertăţii ridică şi ea o serie de probleme care solicită într-o măsură mai mare intervenţia educativă a familiei. Un mare volum de informaţii sub formă de percepţii, reprezentări, idei privitoare la realitatea înconjurătoare se asimilează sub îndrumarea familiei.

Statutul social al familiei va fi determinat de tată. Dominaţia tatălui va imprima copilului o viziune fermă asupra vieţii, dar acesta nu va trebui doar să impună ferm legea, ci şi să păstreze afecţiunea copilului. Tatăl este cel care conferă familiei, dar şi copilului un sentiment de protecţie şi siguranţă, inspirându-i acestuia din urmă dorinţa arzătoare de a deveni ca el. *Pentru că tata este cel care îl aruncă pe copil şi-l prinde fără ca acestuia să-i fie frică, el conduce maşina, el mânuieşte securea, el îl poartă în braţe când acesta este obosit. Deci sentimentul de siguranţă pe care copilul îl are când tata este în preajmă provine din impresia că tatăl domină lumea.*

Un examen calitativ al gestiunii timpului arată că duratele pe care părinţii le petrec alături de copiii lor îndeplinesc trei funcţii:

- o funcţie de *întreţinere şi reparaţie* corespunzând nevoii menajere (pregătirea mesei, întreţinerea obiectelor de îmbrăcăminte) sau unor activităţi legate de sănătatea copilului;

62

- o a doua de *reconfort* (jocuri comune, momente de tandrețe și confesiune);

- a treia, funcția de *dezvoltare*, corespunzând unor obiecte educative explicite.

Diferențele dintre bărbați și femei apar cu claritate: în timp ce femeile asigură toate cele trei funcții independent de prezența sau absența soților, bărbații sunt specializați exclusiv în funcția de reconfort; tatăl intră de unul singur în raport cu copilul, numai pentru a se juca, a trăi satisfacția unor gesturi de tandrețe reciprocă sau pur și simplu numai pentru a se convinge, după „aerul" senin al copilului, dacă totul este în regulă. Dacă intervine în alte momente, el o face pentru a da o mână de ajutor mamei, dacă nu întotdeauna în prezența acesteia, cel puțin la solicitarea ei.

Rolul educativ al tatălui nu este, în cele mai multe cazuri, înțeles ca secundar nici de bărbați, nici de femei. Deosebirile între rolul masculin și cel feminin vizează modul, natura implicării, și nu gradul, mai mic sau mai mare, de implicare, care nici nu poate fi evaluat, întrucât nu pot fi comparate cantitativ comportamente diferite calitativ. Ele relevă în esență două raporturi, cu timpul și cu spațiul, două viziuni asupra lumii, două morale.

În cartea *Cunoașterea copilului*, Vincent Rose este de părere că "tatăl muncește pentru a aduce bunăstarea grupului, întrucât rolul său principal este de a asigura securitatea materială a familiei. În timp ce mama ,muncește pentru ceilalți, alături de ei, tatăl muncește singur pentru ceilalți."

Cristina Alina Năftănăilă

Foarte mulţi tineri adulţi au dezvoltat frustrări din cauza unui model educaţional greşit din copilărie, care le afectează viaţa la maturitate în diferite moduri.

Există anumite tipologii de taţi, cum ar fi tatăl autoritar, tatăl-mamă sau tatăl absent.

Tatăl autoritar
- adoptă un stil educaţional autoritar;
- nu se implică în viaţa copilului şi a familiei, în general;
- are o atitudine lipsită de emoţii;
- nu comunică cu copiii;
- nu petrece un timp exclusiv cu copilul;
- adoptă o educaţie ce are drept principal motor frica.

Tatăl-mamă
- încearcă să suplinească lipsa afectivităţii materne;
- încearcă să suplinească lipsa sa prin cumpărarea unor cadouri scumpe;
- adoptă o atitudine prea permisivă faţă de copiii săi.

Tatăl absent
- tatăl foarte ocupat încearcă să suplinească absenţa sa prin manifestări de iubire exagerate faţă de copii;
- interferează cu educaţia dată de mamă, fiind nemulţumit de aceasta, nemulţumire dată de sentimentul de vinovăţie.

Dacă analizăm importanţa familiei în dezvoltarea personalităţii copilului, nu trebuie să neglijăm rolul bisericii şi al învăţăturilor creştine în dezvoltarea lui spirituală.

În porunca Decalogului – „cinsteşte pe tatăl tău şi pe mama ta, ca să-ţi fie bine şi să trăieşti ani mulţi pe pământul pe care Domnul Dumnezeu ţi-l va da (Ieşire 20, 12) – sesizăm o relaţie imediată între înţelepciunea practică (care îi asigură omului supravieţuirea şi sporul) şi respectul faţă de părinţi. În acest context, a-ţi cinsti părinţii, care te-au adus deopotrivă la lumina zilei şi la înţelepciunea vieţii, implică imitarea faptei lor, a modului lor de a fi, aşa cum recomandă sfântul Pavel (Evrei 13, 7).

Este un mod foarte propriu Scripturii de a vorbi despre educaţia – ca mistagogie şi pedagogie – din aproape în aproape, nu prin propunerea unor teorii despre bună purtare, ci prin întruparea unui model de viaţă, prin constituirea unei maniere teologice (după criterii divine) de a fi şi prin participarea membrilor familiei la acest model.

Familia apare ca loc în care se desfăşoară primul examen al capacităţii sociale a fiecăruia dintre membrii săi. Părinţii şi copiii primesc în egală măsură sfaturi apostolice, diferenţiate potrivit vârstei fiecăruia (1 Ioan 2, 12-14): copiii trebuie să înveţe ascultarea de părinţi pentru a dobândi cele făgăduite, iar părinţii trebuie să-şi privească fiii ca persoane chemate la desăvârşire şi nu ca obiecte, educându-i „în învăţătura şi certarea Domnului" (Efeseni 6, 1-4; 1 Corinteni 3, 20-21). Bătrânii,

Cristina Alina Năftănăilă

păstrându-şi mintea, credinţa şi cuviinţa, trebuie să-i „înveţe de bine", pentru a-i conduce pe tineri la înţelepciune şi cumpătare (Tit 2, 2-6). Educaţia creştină, în continuarea tradiţiei vechiului popor al lui Dumnezeu, presupune iniţierea şi adâncirea în înţelepciunea descoperită omului de sus.

Educaţia nu constă, deci, în măsuri constrângătoare, ci într-o iniţiere spre asceza minţii, care învaţă să urmărească neîncetat înţelepciunea.

3.2 Factorii dezvoltării psihice

Dezvoltarea psihică este un fenomen uşor de observat, a cărui existenţă se impune aproape cu ochiul liber, dar care prezintă dificultăţi majore în explicarea modului în care se produce, din pricina extremei complexităţi a fenomenelor şi relaţiilor implicate în acest proces.

În viziunea Magdalenei Dumitrana din cartea *Dezvoltarea psihică umană*, persoana umană este o organizare în structuri tot mai bogate, complexe şi articulate, care se adaptează la lume în scop de conservare dar şi de dezvoltare, în condiţii de eficienţă optimă, cu maximum de randament şi minimum de efort.

Se discută despre influenţa eredităţii asupra dezvoltării. Omul posedă la naştere o anumită zestre ereditară, adică un genotip. Acesta este responsabil de condiţionarea din interior a constituţiei nou-născutului, de punerea în funcţiune a anumitor caracteristici. Tot

66

ereditar sunt prevăzute însușiri individuale ce țin de conformația feței, simetria elementelor ei, conformația corpului.

Ereditatea influențează creșterea și maturizarea organelor și a funcțiilor acestora. Însă creșterea și maturizarea sunt influențate într-o anumită măsură și de factorii sociali. De exemplu osificarea, apariția și sănătatea dentiției, creșterea în înălțime și greutate, maturizarea sexuală sunt condiționate de factori exteriori. Studiile asupra copiilor instituționalizați demonstrează cu mare claritate influența decisivă a substimulării mediului instituției asupra dezvoltării pe toate palierele: greutatea sub cea normală și piticismul sunt aproape niște „embleme" ale instituționalizării.

Anca Dragu și Sorin Cristea, în cartea *Psihologie și pedagogie școlară* publicată în anul 2002, susțin că al doilea factor atunci când se vorbește despre dezvoltare este cel al *mediului socio-cultural.* Mediul reprezintă totalitatea factorilor externi care acționează asupra organismului, determinând reacțiile acestuia și influențând dezvoltarea sa. Mediul ambiant stimulează dezvoltarea psihică prin faptul că oferă copilului situații, condiții concrete, modele, obiecte, facilitează comunicarea. Cu toate acestea, la fel cum ereditatea nu are o influență directă și majoră asupra dezvoltării, nici mediul nu posedă această influență.

Mediul fizic reprezintă totalitatea condițiilor bioclimatice în care trăiește omul. Acțiunea sa se manifestă în direcția unor modificări organice cum ar fi maturizarea biologică, statura corpului, culoarea pielii, precum și în direcția adoptării unui regim de viață (alimentaţia, îmbrăcămintea, îndeletnicirile etc.). Mediul fizic nu acţionează izolat, ci în corelaţie cu mediul social, care poate valorifica posibilităţile pe care le oferă mediul fizic sau modifică acţiunea sa în concordanţă cu nevoile organismului.

Mediul social reprezintă totalitatea condiţiilor economice, politice şi culturale, cum sunt factorii materiali, diviziunea muncii, structura naţională şi socială, organizarea politică, cultura spirituală, conştiinţa socială etc., care îşi pun amprenta asupra dezvoltării psihice. Acţiunea lor poate fi directă, prin modificările pe care le declanşează în cadrul psihicului uman, şi indirectă, prin influenţele şi determinările pe care le au asupra acţiunii educaţionale.

Mediul însuşi are un caracter neomogen, ceea ce poate duce la diferenţe individuale evidente. În interiorul său pot acţiona forţe cu valenţe deosebite, mai puternice sau mai slabe, primele putând uneori acţiona în direcţia formării unor individualităţi relativ asemănătoare, deşi substratul ereditar este diferit, iar celelalte oferind o gamă mai suplă de posibilităţi pentru predispoziţiile ereditare.

Neomogenitatea mediului rezultă şi din modul în care se întrepătrund în interiorul său diferite componente: sociale, culturale, psihosociale etc. Se face distincţia în acest sens între un mediu social apropiat şi un mediu social mai larg. Primul se manifestă în cadrul familiei, şcolii, colectivităţilor de copii etc. Specifică acestui mediu este prezenţa unui climat psihosocial cu o puternică încărcătură afectivă, rezultat din relaţiile interpersonale care se stabilesc între membrii acestor comunităţi.

Mediul social mai larg este o rezultantă a nivelului de dezvoltare socială. Concomitent cu recunoașterea influenței mediului asupra omului trebuie să admitem și reciproca sa, aceea că omul influențează și transformă mediul. Omul nu este, deci, un produs pasiv al mediului, el este un subiect activ, care, transformând mediul, se transformă pe sine însuși. Această relație se exprimă și se materializează în procesul practicii sociale, așa cum scrie Emilia Albu în *Psihologia vârstelor*.

A. Roșca afirmă la rândul său că: „interacțiunea dintre cei doi factori (ereditate și mediu) se desfășoară pe fondul activității de învățare".

Educația reprezintă acțiunea conștientă, organizată, desfășurată în cadrul unor instituții speciale, în scopul formării și informării viitorului (sau actualului) adult. Educația constituie pârghia cea mai de seamă în organizarea specificului multicriterial al personalității.

Pentru copiii preșcolari, grădinița constituie un important factor de dezvoltare psihică și integrare socială, dar și un start pentru parcurgerea celorlalte forme de învățământ.

Rolul cadrului didactic este esențial în procesul de adaptare a copilului, întrucât educatoarea este principalul intermediar între preșcolar și lumea nouă: educatoarea este privilegiată din plin de atenția copilului și, ca atare, intră în zona socializării de prim grad. Mai mult, acum se produc interesante fenomene de transfer afectiv și de identificare afectivă, în sensul că preșcolarul își transferă toată dragostea și atenția către educatoare, cu care se și identifică, aceasta fiind pentru el un substitut al mamei.

O mare parte din viaţa copilului se va desfăşura de-acum în grădiniţă, iar de armonia dintre cele două medii educaţionale reprezentate de părinţi şi educatoare depinde dezvoltarea viitoare a copilului sunt de părere Şchiopu, U. şi Verza, E. în cartea *Psihologia vârstelor*.

În legătură cu rolul educaţiei în dezvoltarea psihică a copiilor preşcolari *am realizat un interviu la Căminul nr. 3 cu program prelungit „Sfânta Marina", din Câmpulung Muscel, iar doamna educatoare Iacob Livia a răspuns unor întrebări pe care i le-am adresat:*

- Care este rolul grădiniţei în dezvoltarea psihică a copiilor?

- În primul rând, prin integrarea copilului într-o grădiniţă, acesta îşi va lărgi aria de socializare, iar cadrul didactic va depune eforturi pentru dezvoltarea sa sănătoasă. La grădiniţă copilul are posibilitatea să se compare, să-şi evalueze limitele şi capacităţile şi să-şi formeze o imagine de sine cât mai obiectivă. Educaţia preşcolarului se axează pe dezvoltarea fizică, intelectuală şi socială, care se realizează prin educaţia simţurilor, a imaginaţiei şi a caracterului.

Aprecierea pozitivă a celorlalţi conduce la îmbogăţirea *eului*. În această etapă importantă din viaţa copilului, părinţii ar trebui să aibă o legătură strânsă cu cadrele didactice, în scopul creării unui mediu pozitiv de dezvoltare emoţională a copilului şi a unei armonii între cele două medii educaţionale: familie şi grădiniţă.

- În colectiv, copiii se comportă diferit/îl privesc altfel pe copilul adoptat? Dar personalul din grădiniţă? Aţi observat ceva în acest sens?

- În general, la această vârstă copiii nu sunt conştienţi despre semnificaţia termenului de adopţie, prin urmare nu manifestă o atitudine de respingere faţă de copilul adoptat. O altă idee ar fi aceea că nu toţi părinţii fac cunoscută situaţia lor familială în cadrul grădiniţei. În cazul băiatului dumneavoastră, de exemplu, pot să afirm că este privit cu drag de către educatoare şi personal, iar acest lucru i se datorează atât lui, cât şi dumneavoastră ca părinţi, pentru că este un copil foarte comunicativ şi prietenos.

- Pentru a se putea integra şi coopera eficient cu cei din jur, copilul adoptat trebuie să atingă un anumit nivel al socializării. Consideraţi că socializarea dezvoltă anumite trăsături de personalitate ce se regăsesc în comportamentul copilului?

- În cadrul unui grup sunt satisfăcute necesităţile de apartenenţă, se realizează maturizarea afectivă şi caracterială. Copilul adoptat, fiind pus în legătură cu alţi copii, va desfăşura unele activităţi ce vor conduce la formarea unor trăsături pozitive de caracter. Se vor forma deprinderi (de exemplu: să se îmbrace singur, să folosească lingura şi furculiţa la masă), sentimente şi convingeri. Specialiştii în educaţie şi psihologii sunt de părere că imaturitatea afectivă, cauzată de neintegrarea copilului adoptat (şi a copilului biologic în aceeaşi măsură) într-un grup, conduce la stări de frustraţie şi conflicte afective, având ca rezultat un comportament ulterior deviant.

Am observat în cazul băiatului nostru o evoluţie uimitoare după înscrierea sa la grădiniţă. Dacă în primele patru-cinci luni după mutarea în familia noastră nu comunica foarte mult şi nu avea nici un fel de deprinderi, treptat a început să înveţe să se exprime corect gramatical, să utilizeze lingura şi furculiţa, să-şi aşeze frumos hainele când se dezbracă, să se spele pe dinţi. Din punct de vedere intelectual a reuşit să memoreze şi să recite câteva poezii şi să cânte. Desenează din ce în ce mai frumos îmbinând culorile (în prima etapă mâzgăleşte hârtia cu o singură culoare), lipeşte, decupează, modelează cu plastilină, aşadar participă la toate activităţile creative din grădiniţă şi şi-a însuşit o mulţime de noţiuni.

3.3 Clasificări ale stadiilor dezvoltării umane

Perioadele de vârstă în care tabloul psihocomportamental este relativ asemănător la toţi copiii au fost denumite stadii ale dezvoltării, ce se succed unele după altele. De aceea, o caracteristică majoră a dezvoltării psihice este stadialitatea ei.

Stadialitatea este prezentă atât în abordarea genetică a vieţii psihice, deci la nivelul procesualităţilor psihice (cognitive, afective, moral-sociale etc.) – ca stadii genetice, cât şi în perspectivele transversale ce urmăresc unitatea diverselor aspecte ale vieţii psihice într-o etapă anume – ca stadii de vârstă sau psihodinamice.

Stadiul de vârstă nu este identic şi nici nu se suprapune cu stadiile genetice ale diverselor procese psihice. Un stadiu de vârstă poate cuprinde aspecte ce ţin de două stadii genetice diferite ale acelorași procesualități psihice (de exemplu, gândirea școlarului operează atât cu elemente concrete, situative, cât și cu cele logice). De asemenea, pot exista decalaje între diverse stadii genetice ale proceselor psihice, din cauza ritmurilor de dezvoltare diferite (de exemplu, decalajul între maturizarea cognitivă, afectivă și morală în adolescență).

Vârsta cronologică nu corespunde cu vârsta biologică și nici cu cea psihică, iar aceasta din urmă poate fi diferită pentru aspecte psihice diferite, chiar dacă momentul cronologic este același.

În precizarea reperelor psihogenetice ca posibilități de explicare a dezvoltării psihice se propun trei criterii (Anca Dragu, Sorin Cristea - *Psihologie și pedagogie școlară*):

- *tipul fundamental de activitate*: joc, învățare, muncă – exprimă direcționarea și structurarea forței energetice psihice pentru asimilarea de cunoștințe, funcționalitatea deprinderilor, abilităților cu tendința de a fi integrate în trăsături, însușiri de personalitate;

- *tipul de relații* care pot fi obiectuale și sociale; exprimă structura evolutivă sub raportul adaptării și integrării sociale;

- *tipuri de contradicții* dintre cerințele externe și cerințele subiective (dorințe, idealuri, aspirații), ca și contradicțiile dintre fiecare categorie și posibilitățile societății de a le satisface.

Cristina Alina Năftănăilă

Modul de operare a criteriilor în definirea stadiilor, aşa cum este descris de autorii Anca Dragu şi Sorin Cristea în cartea „*Psihologie şi pedagogie şcolară*", este prezentat în tabelul de mai jos şi face referire la cinci stadii de dezvoltare, fiecăruia fiindu-i atribuite anumite criterii ce descriu principalele caracteristici ale copilului între 0-1 ani, 1-3 ani, 3-7 ani, 7-11 ani, 11-14 ani, 14-20 ani.

STADIUL	CRITERII
Stadiul sugarului: **0-1 ani**	• Activitatea fundamentală a individului: satisfacerea trebuinţelor organice; • Relaţiile sunt reprezentate de reflexele necondiţionate: de apărare, alimentar, care îi permit copilului să se adapteze la mediu; • Tipul de contradicţii: dependenţă totală faţă de adult.
Stadiul antepreşcolar: **1-3 ani**	• Activitatea fundamentală: manipularea obiectelor, dar lipseşte scopul conştient; • Tipul de relaţii: începe elaborarea primelor reflexe condiţionate (alimentar, igienic); • Tipul de contradicţii: gradul de dependenţă faţă de adult scade; se dezvoltă capacitatea de verbalizare şi deplasare independentă.
Stadiul	• Activitate fundamentală: jocul –

preşcolar: **3-6, 7 ani**	activitate specific umană pentru că este conştientă; se desfăşoară pe bază de reguli unanim acceptate, în joc copilul interpretează anumite roluri în conformitate cu care îşi alege comportamentul adecvat; • Tipul de relaţii: stabileşte relaţii sociale, devine o persoană cu statut social, are obligaţii şi drepturi – să se trezească la anumite ore, să se îmbrace, are dreptul să meargă la grădiniţă; • Tipul de contradicţii: gradul de dependenţă scade datorită construirii conştiinţei de sine şi creşterii caracterului critic al gândirii.
Stadiul şcolarului mic: **6, 7-10, 11 ani**	• Activitate fundamentală: învăţarea impusă, dirijată din exterior; • Tipul de relaţii: se extind relaţiile sociale, precum şi obligaţiile şi drepturile; • Tipul de contradicţii: gradul de dependenţă este influenţat de formarea unei concepţii proprii despre realitatea înconjurătoare.
Stadiul preadolescenţei :	• Activitate fundamentală: învăţarea şi independenţa (îşi permite să nu-şi facă toate temele, să absenteze de la ore

10-14 ani	fără motive speciale); • Tipul de relaţii: relaţiile se diversifică depăşind pragul şcolii: (în grupul sportiv, artistic etc.); • Tipul de contradicţii: este vârsta marilor contradicţii, se dezvoltă conştiinţa de sine, doreşte să-şi impună opiniile, dar nu întotdeauna reuşeşte, pentru că nu sunt bine conturate; contradicţia între generaţii este necesară, dar nu trebuie transformată în conflict.
Stadiul adolescenţei: **14-18, 20 ani**	• Activitate fundamentală: învăţare şi muncă creatoare, are posibilitatea de a-şi impune originalitatea; • Tipul de relaţii: se integrează ca o persoană activă; • Tipul de contradicţii: relaţia este mai calmă; adolescentul şi adultul operează în aprecierea celuilalt cu criterii valorice.

În baza celor trei criterii amintite, putem descrie următoarele cicluri ale vieţii, cu substadiile implicate:

CICLUL VIEŢII	SUBSTADII
PRENATAL	• Perioada embrionară • Perioada fetală precoce • Perioada fetală tardivă
COPILĂRIA, PUBERTATEA, ADOLESCENŢA	• Naşterea • Primul an de viaţă • Prima copilărie - perioada antepreşcolară - 1-3 ani • A doua copilărie - perioada preşcolară - 3-6, 7 ani • A treia copilărie - perioada şcolară mică - 6-10 ani • Pubertatea - 10-14 ani • Adolescenţa - 14-20 ani • Adolescenţa prelungită - 20-24 ani
VÂRSTELE ADULTE ACTIVE	• Tinereţea - 25-35 ani • Vârsta adultă precoce - 35-44 ani • Vârsta adultă mijlocie - 45-55 ani • Vârsta adultă tardivă - 55-65 ani
VÂRSTELE DE INVOLUŢIE	• Perioada de trecere - 66-70 ani • Perioada primei bătrâneţi -

	70-80 ani • Perioada celei de-a doua bătrâneţi - 80-90 ani • Perioada marii bătrâneţi - peste 90 ani

3.4 Nivelurile de înţelegere a adopţiei la copii şi continuitatea în dezvoltarea copiilor adoptaţi

În funcţie de stadiul dezvoltării psihice a copilului, nivelurile de înţelegere a adopţiei, extrase din cartea *„Cum să faci evaluări de calitate”*, de Sylvia Barker, Sheila Byrne, Marjorie Morrison, Marcia Spence sunt următoarele:

Nivelul 0: 0-4 ani

Copiii nu înţeleg adopţia. Totuşi, această etapă nu este lipsită de importanţă sau sens. Copiii învaţă acum să împartă în categorii şi învaţă să eticheteze ce este pozitiv şi ce este negativ. Ei vor învăţa, din indiciile nonverbale ale celor din jur, dacă adopţia este un lucru bun sau rău. Sarcina părinţilor este să se obişnuiască cu folosirea cuvântului *adopţie* şi să înceapă să se simtă relaxaţi când se abordează subiectul adopţiei.

În această etapă puteţi colecta informaţii concrete (un album cu fotografii ce poate deveni *Cartea vieţii lui/ei*, un jurnal în care să notaţi emoţiile pe care le-aţi resimţit ca părinţi adoptivi) care vă vor fi de folos în următoarele etape, atunci când copilul dumneavoastră va începe să pună mai multe întrebări.

Nivelul 1: 4-6 ani

Copiii nu fac diferenţa între naştere şi adopţie ca mod de a intra într-o familie. Pentru ei, naşterea şi adopţia sunt echivalente sau cred că toţi copiii se nasc cu părinţi iar apoi pleacă să locuiască împreună cu alţii. Copiii trebuie să fie pregătiţi să răspundă întrebărilor altor copii. Părinţii trebuie să le ofere o poveste simplă, cum ar fi: *„Elena era prea tânără ca să fie mamă. Ea i-a ales pe Mama şi pe Tata să-mi fie părinţi fiindcă ştia că voi fi întotdeauna special pentru ei"* sau *„Am crescut în burtica Mariei, însă ea nu a putut să aibă grijă de mine. Aşa că Mama şi Tata m-au adoptat şi am crescut în inima lor, plină de iubire"*.

Strategia parentală recomandată de specialişti este aceea de a încuraja întrebările copilului şi de a răspunde onest. Dificultăţile care pot apărea pot fi omise (dar niciodată schimbate) până copilul va fi ceva mai mare şi va avea o altă capacitate de înţelegere. Folosiţi *Cartea vieţii* pentru a-i da explicaţiile necesare şi completaţi-o cu noi fotografii. Asiguraţi copilul că niciodată nu-şi va pierde familia adoptivă.

Nivelul 2: 6-8 ani

Copiii fac o diferenţă clară între naştere şi adopţie ca modalitate de a intra într-o familie şi acceptă relaţia cu familia adoptivă ca fiind permanentă, dar nu înţeleg de ce. Au dobândit o cunoaştere a ceea ce înseamnă biologic. Părinţii simt nevoia să împărtăşească copilului informaţii concrete. Copilul are nevoie să înţeleagă natura relaţiilor din cadrul familiei adoptive, permanenţa acestora, motivele adopţiei, motivele părinţilor biologici de a renunţa la copil. Copilului trebuie să i se permită să-şi exprime sentimentele dacă pare să fie în dificultate.

Nivelul 3: 8-10 ani

Copiii fac diferenţa între adopţie şi naştere, dar acum încep să pună în discuţie permanenţa relaţiei părinte adoptiv-copil. În această etapă, copiii încep să simtă empatie faţă de alţi oameni şi mulţi încep să-şi facă griji faţă de părinţii biologici sau pentru cei adoptivi. Ei înţeleg că atât părinţii biologici, cât şi cei adoptivi au simţit în trecut ce înseamnă *pierderea* şi acest lucru îi afectează.

Această etapă de „suferinţă a adopţiei" implică o înţelegere mai profundă a adopţiei de către copil. În această etapă, părinţii trebuie să-şi ajute copilul să înţeleagă mai bine adopţia şi să-l încurajeze să-şi exprime sentimentele. Copilul adoptat are acum nevoie de răbdare, sensibilitate, acceptarea sentimentelor sale şi sprijin din partea părinţilor. Asiguraţi copilul că poate discuta despre familia sa biologică şi lăsaţi-l să aibă sentimente de iubire şi pentru aceasta.

Nivelul 4: 10-12 ani

Descrierea dată de copil relaţiilor din cadrul familiei adoptive este caracterizată de un simţ al permanenţei cvasi-egal – invocând figuri autoritare precum judecători, avocaţi, doctori sau asistenţi sociali care, într-un fel, fac relaţia părinte-copil permanentă. În această etapă, copilul înţelege conceptul adopţiei şi începe procesul de doliu. Ca parte a negării, ar putea să înceteze să mai pună întrebări. Realizează faptul că pentru a fi adoptat, a pierdut ceva. Nu forţaţi copilul să discute despre adopţie dacă nu simte nevoia, dar îl puteţi face să înţeleagă că sunteţi deschişi acestui subiect şi vă simţiţi confortabil.

Nivelul 5: 12-16 ani

Relaţia din familia adoptivă este caracterizată acum ca fiind permanentă, implicând transferul legal al drepturilor şi/sau al responsabilităţilor faţă de copil de la părinţii biologici la cei adoptivi. După vârsta de 12 ani, copilul intră în stadiul de mânie a doliului. Ar putea să se opună autorităţii părinteşti şi să încerce noi identităţi. S-ar putea să fie mânios cu privire la pierderea controlului asupra vieţii sale. În această etapă daţi copilului ocazia să ia decizii. Ajutaţi-l să acceseze informaţii despre părinţii biologici şi să le accepte. Nu-i răspundeţi la mânie cu şi mai multă mânie. Fiţi fermi în păstrarea limitelor şi stabiliţi clar consecinţele pentru încălcarea regulilor. Îngăduiţi copilului să trăiască consecinţele naturale ale comportamentului său. Asiguraţi-l că îl veţi iubi continuu, indiferent de ce se va întâmpla.

Nivelul 6: 16-19 ani

Tânărul adult poate fi deprimat şi poate reacţiona intens la pierderea suferită. Poate fi anxios cu privire la maturizare şi la părăsirea casei părinteşti. Strategia recomandată acum e aceea de a spune adolescentului că poate rămâne acasă la încheierea şcolii, dacă alege acest lucru. Fiţi atenţi la neînţelegerile cu colegii, dacă este trist de Ziua Mamei (8 Martie) sau la ziua sa aniversară.

Menţineţi subiectul adopţiei deschis în familie şi asiguraţi oportunităţi pentru dezvoltarea independenţei sale.

3.5 Temperamentul – factor de ataşament al copilului adoptat

Fiecare copil are un temperament unic, modul lui unic de a acţiona. Tipul de temperament influenţează modul în care copiii răspund la diverse situaţii, îşi exprimă abilităţile, nevoile şi calităţile personale.

Ataşamentul copiilor adoptaţi depinde de factori cum sunt:

- abilitatea părinţilor de a recunoaşte nevoile copiilor în primii ani de viaţă şi de a răspunde acestor nevoi: oferirea de hrană, confort fizic şi emoţional;

- caracteristici ale temperamentului copilului: uşor de liniştit, iritabil, sensibil la modificările interne şi externe.

Preocupări pentru clasificarea temperamentelor au existat încă din secolul al V-lea î.e.n., când medicul grec Hippocrate propunea patru tipuri: ***coleric, sanguin, flegmatic şi melancolic.***

Copilul cu un temperament coleric va fi agitat, impulsiv, încăpăţânat, agresiv, cu tendinţă de dominare. Dacă aceste trăsături nu vor fi temperate prin educaţie, vor lua o manifestare negativă, degenerând în agresivitate, acte de indisciplină, neintegrare în colectivul clasei. Colericii pot ajunge, prin educaţie şi autoeducaţie, oameni de nădejde, întreprinzători şi foarte buni organizatori. Printre colerici putem cita personalităţi precum Napoleon, Mihai Viteazul, Caragiale (Marin Stoica - *Psihologia personalităţii*).

Pentru a construi o relaţie de ataşament pozitivă cu un copil cu temperament coleric sunt necesare o varietate de activităţi noi şi provocări. Părinţii adoptivi trebuie să fie fermi, pentru a-l face să respecte regulile stabilite, şi să-l înveţe să-şi gestioneze emoţiile intense (furie, frustrare). În momentele de furie sau în cazul răbufnirilor violente, spre exemplu, părinţii adoptivi e bine să nu apeleze la pedepse drastice, ci să îi explice cu calm şi răbdare unde greşeşte şi că dacă va fi brutal, îi va răni pe cei din jur.

Sanguinicul este un copil puternic, echilibrat, optimist, curajos, deschis, energic, sensibil, bine dispus, rezistent şi stăpânit, rapid în mişcări şi vorbire, rezistent la efort. Învaţă uşor, dar tot atât de uşor intervine procesul uitării. Se plictiseşte repede şi are tendinţe spre superficialitate. Copiii sanguinici trec repede de la o activitate la alta, se adaptează uşor, se angajează în rezolvarea unor sarcini şcolare fără să manifeste entuziasm exagerat, nu le place să rişte şi nu se descurajează, sunt sociabili, uneori exuberanţi, dar instabili în stările afective, influenţabili, uşuratici, superficiali, nu se pot concentra.

La fel ca în cazul copiilor cu temperament coleric, părinţii adoptivi pot construi o relaţie de ataşament pozitivă apelând la activităţi noi şi variate, cum ar fi de exemplu înscrierea lui într-un club sportiv (bineînţeles ţinând cont de vârsta pe care o are copilul). Acolo va fi înconjurat de copii, va socializa şi îşi va risipi energia pe care o are într-un mod constructiv.

Pentru că băiatul nostru are acest tip de temperament, l-am înscris la dansuri populare în cadrul grădiniţei şi la limba engleză, astfel că îşi consumă energia în mod plăcut şi util. Ne gândim ca în viitor să-l înscriem şi la alt gen de activităţi, cum ar fi un sport.

Flegmaticul se caracterizează prin predominarea inhibiţiei, el fiind calm, echilibrat, liniştit, ordonat, răbdător, meticulos, muncitor, perseverent, însă lipsit de iniţiativă şi entuziasm. Copilul cu acest tip de temperament trebuie încurajat prin discuţii să spună ce îl nemulţumeşte, ce îl deranjează, ce îl răneşte, pentru a construi o relaţie de ataşament pozitivă. Părinţii îi pot oferi jocuri recreative precum lego sau puzzle, dându-i posibilitatea de a se distra în acelaşi timp. Ducându-l la grădiniţă sau în parc, va intra în contact cu copiii de vârsta lui şi se va adapta imediat, fiind fericit că are subiecte comune de discuţie.

Copilul cu temperament melancolic reprezintă tipul de copil precaut, temător, preferând siguranţa locurilor şi lucrurilor pe care le cunoaşte deja. Este copilul „mămos", ce preferă să stea lângă părinţi în loc să se joace sau să se implice în activităţi distractive. Rutina zilnică nu îl plictiseşte, ci îi conferă un sentiment de siguranţă, de aceea părinţii adoptivi trebuie să-l pună la curent dacă doresc să-l implice într-o activitate nouă sau dacă se gândesc să iniţieze o vizită, o călătorie etc., pentru a-i da timp să se acomodeze cu ideea.

Chiar şi înscrierea la grădiniţă poate constitui un moment de panică, copilul putând reacţiona prin plâns, însă cu multă răbdare, dacă îi vom explica că va fi înconjurat de copii şi va lua parte la jocuri distractive, în cele din urmă va accepta situaţia. O idee bună în acest sens ar fi să-l lăsaţi să plece la grădiniţă cu o jucărie de care se simte ataşat (eventual o jucărie de pluş), pentru a-i oferi un sentiment de siguranţă.

3.6 Efectele traumelor asupra procesului de ataşament şi învăţare la copiii adoptaţi

Familiile în care apare abuzul copiilor au probleme multiple: sociale, maritale, financiare, ocupaţionale, dificultăţi de comunicare, izolare, acceptarea violenţei domestice şi a pedepselor corporale. Anumite caracteristici cresc incidenţa abuzului: sărăcia, şomajul, părinţi care au fost la rândul lor victime ale abuzului în copilărie, stresul în familie, familiile cu valori mai rigide focalizate spre pedeapsă.

Abuzul este un comportament agresiv sau necorespunzător, îndreptat asupra copilului sau cuiva care se află într-o situaţie inferioară şi fără apărare, şi are ca rezultat consecinţe fizice şi/sau emoţionale negative. (Sion Graţiela - *Psihologia vârstelor*).

Abuzul poate fi de mai multe tipuri: fizic, emoțional, neglijare, abuz sexual, exploatare prin muncă, trafic, violență prin internet.

Neglijarea fizică este incapacitatea adultului de a asigura cele necesare vieții copilului: hrană, îmbrăcăminte, adăpost, supraveghere, îngrijire medicală.

Neglijarea este definită în Legea nr. 57/2016 privind protecția și promovarea drepturilor copilului și se poate prezenta sub mai multe forme (HG nr. 49/2011, anexa 1, cap. II.2.1. Definiții operaționale):

• neglijarea alimentară – privarea de hrană, absența mai multor alimente esențiale pentru creștere, mese neregulate, alimente nepotrivite sau administrate necorespunzător cu vârsta copilului;

• neglijarea vestimentară – haine nepotrivite pentru anotimp, haine prea mici, haine murdare, lipsa hainelor;

• neglijarea igienei – lipsa igienei corporale, mirosuri respingătoare, paraziți;

• neglijarea medicală – absența îngrijirilor necesare, omiterea vaccinărilor și a vizitelor de control, neaplicarea tratamentelor prescrise de medic, neprezentarea la programe de recuperare;

• neglijarea educațională – substimulare, instabilitatea sistemului de pedepse și recompense, lipsa de urmărire a progreselor școlare;

• **neglijarea emoţională** – lipsa atenţiei, a contactelor fizice, a semnelor de afecţiune, a cuvintelor de apreciere.

Părăsirea copilului sau abandonul de familie reprezintă cea mai gravă formă de neglijare.

Neglijarea emoţională înseamnă imposibilitatea părinţilor de a asigura un mediu securizant psiho-afectiv, favorabil creşterii şi dezvoltării normale a copilului. În mod concret, abuzul emoţional constă în umiliri verbale şi non-verbale, intimidări, ameninţări, terorizări, restrângeri ale libertăţii de acţiune, denigrări, acuzaţii nedrepte, discriminări, ridiculizări şi alte atitudini ostile sau de respingere faţă de copil. Copilul are nevoie, pentru a se simţi în siguranţă, de comunicare cu părinţii săi, de contactul vizual (ochi în ochi) şi de atingere corporală: mângâieri, îmbrăţişări.

Abuzul fizic este definit ca fiind orice injurie neaccidentală asupra copilului sau, altfel spus, abuzul fizic este provocarea suferinţei unui copil prin forţa fizică. Abuzul fizic include următoarele elemente: împingere, înhăţare, aruncare, lovire, sufocare, sugrumare, ardere, opărire sau alte moduri de pedepsire crudă, cum ar fi, de exemplu, încuierea afară a copilului în timpul nopţii sau pe vreme rea.

Abuzul sexual reprezintă implicarea unui copil sau adolescent minor dependent şi imatur din punct de vedere al dezvoltării psiho-sexuale în activităţi sexuale pe care nu este în măsură să le înţeleagă, care sunt nepotrivite pentru vârsta sa sau pentru dezvoltarea sa psiho-sexuală, activităţi sexuale pe care le suportă fiind constrâns prin violenţă sau seducţie.

Exploatarea copiilor corespunde definiţiei exploatării unei persoane din Legea nr. 678/2001 privind prevenirea şi combaterea traficului de persoane (art. 2, pct. 2). Exploatarea sexuală a copiilor reprezintă o practică prin intermediul căreia o persoană, de regulă un adult, obţine o gratificaţie sexuală, un câştig financiar sau o avansare, abuzând de/exploatând sexualitatea unui copil, încălcând drepturile acestuia la demnitate, egalitate, autonomie şi bunăstare fizică şi psihică; exemple: prostituţia, turismul sexual, comerţul cu căsătorii (inclusiv prin poştă), pornografia, striptease-ul.

Traficul de copii corespunde definiţiei traficului de minori din Legea nr. 678/2001 privind prevenirea şi combaterea traficului de persoane (art. 13, pct. 1). Conform definiţiei, traficul de persoane, inclusiv de minori, se face cu scopul exploatării.

O formă particulară de violenţă asupra copilului este ***violenţa prin internet,*** definită prin HG nr. 49/2011. Violenţa prin intermediul calculatorului sau al telefonului mobil cuprinde următoarele categorii:

• conţinut ilegal şi/sau ofensator (pornografie, pornografie infantilă, imagini erotice tip fotografii sau imagini cu copii – de exemplu fenomenul Lolita, desene animate erotice şi/sau pornografice, rasism şi xenofobie, discriminare, intimidare);

• contacte online şi în lumea reală (prin chat şi e-mail, agresorul câştigă încrederea copilului, care furnizează informaţii ce pot duce la identificarea copilului şi/sau a adresei unde locuieşte şi la comiterea ulterioară de abuzuri şi infracţiuni, prin întâlnirea faţă în faţă cu copilul, sau nu);

• dependenţa de jocuri şi internet (utilizarea excesivă a calculatorului şi navigarea pe internet mai mult de patru ore pe zi au efecte devastatoare asupra sănătăţii fizice, performanţelor şcolare, capacităţii de socializare a copilului şi asupra relaţiilor cu părinţii);

• comerţ şi publicitate (comerţul electronic fără supravegherea părinţilor poate conduce la utilizarea frauduloasă a datelor personale, de exemplu, utilizarea ilegală a cărţilor de credit, furtul de identitate).

Conform unui studiu intitulat *„Abuzul şi neglijarea copiilor"*, realizat de *Autoritatea Naţională pentru Protecţia Copilului şi Adopţie,* comportamentele de pedepsire şi abuzul împotriva copiilor în perioada 2001-2012 au implicat un eşantion comparabil şi au evoluat astfel:

Tip de abuz – Răspunsuri părinți		2001	2012
Abuz verbal		24-38%	3-5%
Abuz fizic	bătaie cu mâna fără a-i lăsa copilului urme	38%	38%
	bătaie cu diverse obiecte	10%	2%
	copilului îi rămân urme după bătaie	6%	2-3%
Abuz emoţional		24-48%	19%
Neglijare		62%	45%
Exploatarea copilului		7%	1-2%
Abuz sexual		0,1%	0,5%

Psihologii şi psihiatrii sunt de părere că neglijarea copiilor sau diferitele tipuri de abuzuri trăite în copilărie îşi pun amprenta asupra procesului de ataşament şi de învăţare, având un puternic impact asupra dezvoltării funcţiilor fizice, emoţionale, sociale, asupra dezvoltării fizice sau fiziologiei.

Impactul şi implicaţiile traumelor asupra dezvoltării psihice a copiilor sunt prezentate în tabelul de mai jos:

Impactul asupra:	Implicații:
Dezvoltării cerebrale	- Întârzieri în dezvoltarea limbajului; - Dificultăţi de învăţare; - Pierderi de memorie.
Fiziologiei	- Hipervigilenţă (sondarea mediului pentru detectarea pericolelor); - Ascuţirea vederii periferice (cititul devine dificil); - Selectarea auditivă („setat" să detecteze semnale, nu vocea umană), ceea ce conduce la lipsa atenţiei.
Funcţiilor fizice	- Creşterea excesivă a muşchilor lungi, ceea ce conduce la stângăcie; - Amorţeală provocată de analgezice auto-generate – copilul nu simte durerea, existând riscul de a se răni; - Condiţii psihosomatice: secreţia continuă de hormoni ai stresului afectează digestia, respiraţia, funcţionarea inimii, circulaţia, tonusul

	muscular şi sistemul imunitar. Copiii suferă modificări fizice în loc să trăiască sentimente, rezultând diferite boli.
Funcţiilor emoţionale	- Amorţeală: nici un fel de răspuns emoţional/sentiment artistic; - Reacţie exagerată la evenimente minore, implicând dificultăţi comportamentale; - Incapacitatea de a simţi bucurie.
Funcţiilor sociale	- Incapacitatea de a relaţiona cu ceilalţi; - Ceilalţi sunt lipsiţi de importanţă sau reprezintă o ameninţare; - Incapacitate de a învăţa în grup; - Instinctul de supravieţuire domină; - Incapacitate de a crea sens.

Literatura de specialitate citează cazul actriţei *Marilyn Monroe,* care a fost neglijată în copilărie. Crescută de o mamă cu mari probleme emoţionale, Marilyn a fost atât de neglijată încât credea că este invizibilă. Când mama ei a fost internată într-un spital de boli mintale, Marilyn, viitoarea actriţă, a fost la rândul ei trimisă într-un orfelinat. Numai maturizarea prematură a corpului ei şi atenţia pe care acesta o atrăgea au făcut-o să se simtă „vizibilă" şi au convins-o că există cu adevărat.

Această scindare dintre un sine interior fără valoare şi unul exterior, valorizat din punct de vedere sexual, o va urmări pe tot parcursul scurtei sale vieţi. Problemele pe care ea însăşi le descria erau: perpetua căutare a iubirii, neîmplinita dorinţă de integrare, sentimentul de etern outsider, încercarea de a transforma soţii şi iubiţii în taţi şi folosirea sexualităţii pentru a obţine căldură sufletească.

Emilia Albu descrie, *în cartea „Psihologia vârstelor* un alt caz, al unei jurnaliste, Gloria Steinem, a cărei copilărie a fost marcată de existenţa unor puternice tensiuni în familie din pricina unei mame depresive şi a unei locuinţe insalubre, ceea ce a condus până la urmă la despărţirea părinţilor. În ciuda convingerii că şi-a depăşit trecutul, că viaţa ei liberă şi realităţile cu care se confruntă sunt singurele care-i construiesc viaţa, lucrurile stăteau cu totul altfel. Autoarea citează: „Am început să caut semne care mă duceau înapoi. De ce oare mă deprima aşa de mult radioul, iar televizorul şi discursurile nu? Pentru că tot ceea ce-mi fusese dat să aud în casa unde locuisem cu mama era radioul. De ce nu îmi puteam oferi securitate şi un loc plăcut în care să trăiesc? Pentru că acestea îmi fuseseră refuzate în copilărie. De ce nu apelam la ajutorul prietenilor? Pentru că nu am avut aşa ceva în trecut. De ce mi-am trăit viaţa în aşa fel încât aş fi fost gata să plec oriunde, oricând? Pentru că în acest fel mă protejasem împotriva oricărei forme de ataşament încă de pe vremea când fusesem un copil vagabond".

Este arhicunoscut faptul că noi continuăm să ne tratăm pe noi înşine şi pe alţii aşa cum ne-au tratat alţii în copilărie. Numai devenind conştienţi/conştiente de aceste determinări ale trecutului, aflate dincolo de puterea noastră de alegere, putem întreprinde ceva în vederea schimbării lor, deşi chiar şi aşa, tot vor imprima la început un sentiment al înstrăinării şi al singurătăţii, ca şi cum ne-am afla la marginea universului, sentiment de care vom scăpa ceva mai târziu.

Pe fondul lipsei de afecţiune, reacţiile copiilor descrise de profesioniştii din domeniul asistenţei sociale sunt diverse, remarcându-se iniţial schimbarea aspectului fizic, urmată de abandon şi absenteism şcolar, de schimbarea grupului de prieteni, a anturajului şi, uneori, de comiterea unor infracţiuni.

La conferinţa naţională dedicată „ZILEI NAŢIONALE PENTRU ADOPŢIE", ce a avut loc în luna *iunie 2014 în judeţul Argeş*, a fost prezentat un chestionar intitulat *„Aţi avut o copilărie fericită?"* – un instrument util în mâinile părinţilor adoptivi, cu scopul de a gestiona corect relaţia cu un copil adoptat:

Nr. crt.	Întrebare	Răspuns
1.	Vă gândiţi cu mândrie la părinţii dumneavoastră?	
2.	Consideraţi că părinţii nu au comis greşeli grave în educaţia dumneavoastră?	
3.	În perioada copilăriei aţi avut armonie în familie?	
4.	Au evitat părinţii să vă streseze?	
5.	În copilărie aţi fost deprins cu obiceiuri benefice?	
6.	Părinţii s-au ocupat mult timp de dumneavoastră?	
7.	Au evitat să vă pedepsească pe nedrept?	
8.	Sunt foarte multe clipe frumoase pe care le-aţi petrecut împreună cu părinţii şi la care vă gândiţi cu drag?	
9.	Momentele neplăcute din copilărie sunt neglijabile?	
10.	Au fost părinţii înţelegători cu dumneavoastră în copilărie?	

11.	Au evitat să vă umilească?	
12.	Părinţii au evitat să vă oblige să faceţi lucruri care nu vă atrăgeau?	
13.	Frustrările prin care aţi trecut în copilărie sunt nesemnificative?	
14.	Părinţii v-au deprins cu un sistem de gândire profund?	
15.	Părinţii v-au învăţat să-l respectaţi pe Dumnezeu?	
16.	Părinţii v-au învăţat să respectaţi şi să ocrotiţi natura?	
17.	Părinţii v-au învăţat să-i respectaţi pe cei din jur?	
18.	Părinţii v-au deprins cu o atitudine justă faţă de muncă?	
19.	Aţi primit suficientă afecţiune în copilărie?	
20.	În copilărie v-aţi jucat mult?	
21.	Jocurile copilăriei vă aduceau satisfacţii intense?	
22.	La şcoală aţi fost bine apreciat de către profesori?	
23.	Aţi fost cotat corect la şcoală?	

24.	Au existat profesori la care vă gândiţi şi acum cu drag?	
25.	Cu profesorii aţi avut relaţii armonioase?	
26.	Au ştiut profesorii să organizeze activităţi plăcute?	
27.	În copilărie aţi avut un prieten cu care v-aţi înţeles foarte bine?	
28.	Aţi avut foarte puţine umilinţe de îndurat din partea anturajului?	
29.	Aţi primit rar bătaie?	
30.	Vă puteţi mândri că nu aţi fost abuzaţi în nici un fel?	

Pentru a calcula scorul, răspunsurile pozitive trebuie notate cu +1 şi cele negative cu -1. Dacă la anumite întrebări sunteţi indecişi, le veţi nota cu 0 puncte.

20-30 puncte: aţi avut o copilărie fericită. La aceasta au contribuit părinţii deosebiţi pe care îi aveţi. Vă puteţi mândri cu multe momente frumoase petrecute în copilărie.

10-20 puncte: aţi avut o copilărie destul de fericită, dar care a fost umbrită de anumite momente neplăcute. Anturajul în care aţi crescut nu a fost întotdeauna suficient de amabil.

0-10 puncte: ați avut o copilărie zbuciumată. Ați fost expus la multe umilințe și nedreptăți. Sunteți un om extrem de sensibil. Ar fi bine să uitați trecutul și să vă străduiți să fiți fericit în prezent.

Punctaj negativ: ați avut o copilărie extrem de nefericită. Ați trăit evenimente greu de suportat. Poate dacă v-ați descărca sufletul cuiva, v-ați simți mult mai bine. Consilierea psihologică vă poate ajuta să depășiți perioada din copilărie care v-a marcat devenirea ca adult.

Din primii ani de viață ne sunt necesare confortul psihologic, existența cuiva care să răspundă la plânsetele și nevoile noastre, senzualitatea ținutului în brațe și a mângâierilor, siguranța dată de faptul că ne putem „oglindi" în fața celor care ne îngrijesc, plăcerea cuvintelor de dragoste și de încurajare. Dependența totală de lume ne face să simțim că avem pe cine conta.

Fără sentimentul de valoare intrinsecă, copiilor le este greu să supraviețuiască procesului – care precede orice reușită – de trecere prin eșecuri și noi încercări. Le este și mai greu să se bucure de succes sau să sprijine succesul celorlalți. Lipsa esenței respectului de sine poate da naștere unor persoane dominatoare, cheltuitoare și unor părinți autoritari, pentru care supunerea copiilor nu este niciodată completă.

Când copilul trăiește experiențe negative repetate cu mama sa sau cu persoana care ține locul acesteia, se poate forma un model operațional intern al lui însuși, conform căruia se percepe pe sine ca nedemn de a fi iubit sau acceptat, și un model al figurii sale de atașament incapabil să-i asigure siguranța fundamentală.

Când copilul este neglijat, ceea ce se întâmplă adesea în instituţiile în care personalul lipseşte, sau dacă, în familie, este lăsat nesupravegheat, el îşi va manifesta nevoia până la epuizare, fără ca cineva să-i răspundă. Este astfel obligat să se auto-gratifieze. Cu timpul, va resimţi din ce în ce mai puţine nevoi şi mai puţine dorinţe de interacţiune, deoarece nimeni nu este acolo pentru el. Va învăţa să nu aibă încredere decât în capacitatea lui de a se auto-gratifia.

Se poate întâmpla ca, atunci când manifestă o nevoie, copilul să fie agresat fizic sau verbal. Îngrijirile pe care le primeşte nu sunt, în general, sensibile la nevoile lui. Nu există aşadar o gratifiere a adevăratelor sale nevoi şi/sau abuzul este cel care se va transforma în gratifiere.

Deoarece copilul nu poate fi sigur că nevoile sale vor fi satisfăcute şi pentru ca, totuşi, să se simtă cât de cât în siguranţă, el începe să preia controlul şi, prin urmare, să provoace maltratarea. Cu timpul, nu îi mai este frică şi nici nu mai simte durerea fizică. El învaţă că nu poate avea încredere decât în el pentru a-şi satisface nevoile. Cum nu are încredere în nimeni, nu învaţă să se identifice cu cineva şi nu poate dezvolta compasiune, dragoste sau alte emoţii pozitive rezultând din interacţiune. Singura modalitate de interacţiune pe care o cunoaşte trece prin agresiune şi violenţă.

Modelul operaţional pe care copilul îl are – cu alte cuvinte, reprezentările şi aşteptările pe care le-a construit ca urmare a primelor interacţiuni cu primii săi părinţi – este apoi transferat în celelalte relaţii, cu părinţii adoptivi, cu profesorii, cu egalii lui. Acest model este foarte rezistent la schimbări. Dacă părinţii lui biologici sau anturajul au fost insensibili, l-au tratat rău sau copilul a fost respins, el se va aştepta să întâlnească respingere şi maltratare şi din partea părinţilor adoptivi, chiar dacă aceştia sunt iubitori. El va aplica modelul lui operaţional intern relaţiilor sale viitoare cu alţi adulţi, ca şi tuturor relațiilor intime pe care le va cunoaște. Copilul repune constant și în mod inconștient în scenă ceea ce a trăit în primele lui relații, relații pe care se sprijină următoarele.

Putem înțelege, cu ajutorul acestor diferite cicluri de atașament, că unui copil adoptat îi poate fi mai mult sau mai puțin ușor să se atașeze de noii lui părinți, iar părinților mai mult sau mai puțin ușor să creeze legături cu copilul lor.

În cartea „*Procesele de atașament care intră în joc în adopție* - expunerea domnului F. Hallet*" sunt descrise ciclurile neîncrederii și maltratării:

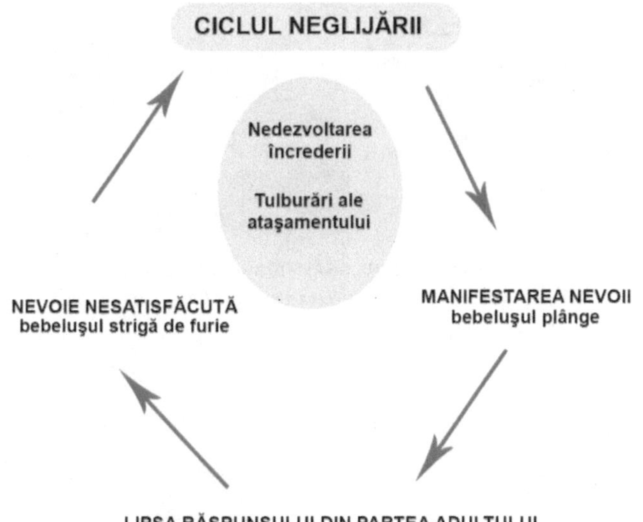

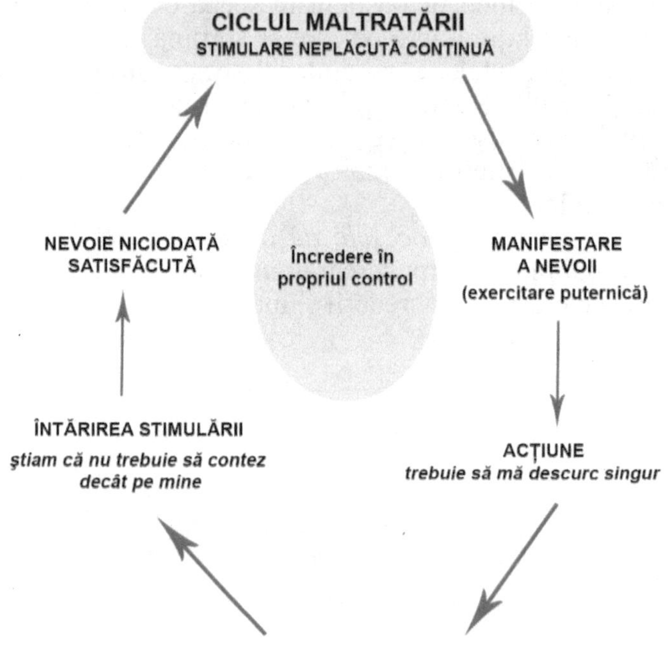
CICLUL MALTRATĂRII
STIMULARE NEPLĂCUTĂ CONTINUĂ
NEVOIE NICIODATĂ SATISFĂCUTĂ
Încredere în propriul control
MANIFESTARE A NEVOII
(exercitare puternică)
ÎNTĂRIREA STIMULĂRII
știam că nu trebuie să contez decât pe mine
ACȚIUNE
trebuie să mă descurc singur
RĂSPUNSURI, GRATIFICĂRI ALE ADULTULUI
(inconstante, incoerente, agresive, injurioase)

RĂSPUNSURI, GRATIFICĂRI ALE ADULTULUI

(inconstante, incoerente, agresive, injurioase)

Aşadar, părinţii trebuie să facă faţă acestor realităţi şi să dispună de multă răbdare şi dragoste pentru a putea construi o relaţie de ataşament cu copilul adoptat, pe fondul unor posibile traume suferite pe traseul parcurs până la momentul intrării în familie.

3.7 Stiluri educative ale părinţilor şi efectele lor asupra dezvoltării copilului

Stilurile educative ale părinţilor au fost studiate de numeroşi specialişti din domeniu.

Astfel, Rose Vincent, în cartea sa *„Cunoaşterea copilului"*, afirmă că există următoarele tipuri de părinţi:

- *părinţi rigizi,* care nu ţin cont de particularităţile individuale ale copilului şi îşi impun propriile idei;

- *părinţi boemi,* care nu îşi impun punctul de vedere, lăsând copiii în voia lor;

- *părinţi anxioşi,* care creează presiune permanentă asupra copiilor prin supraveghere strictă;

Cristina Alina Năftănăilă

- *părinţi infantili,* foarte influenţabili, care evită responsabilitatea;

- *părinţi incoerenţi,* care creează instabilitate în relaţia cu copilul, trecând de la exigenţă totală la acordarea libertăţii;

- *părinţi indulgenţi,* care îi oferă copilului tot ce-şi doreşte, fără limite;

- *părinţi tandri,* ce abuzează de stimulente afective.

Un părinte interesat de dezvoltarea armonioasă a personalităţii copilului ar trebui să îmbine aceste stiluri parentale, în funcţie de caracteristicile individuale ale acestuia.

Specialistul american în parenting Alfie Kohn (2014) susţine, într-o serie de articole şi cărţi, cum ar fi „*Parenting necondiţionat*", că modelul tradiţional de educaţie este unul greşit, deoarece părinţii nu-şi tratează copiii cu respect.

Psihologul Alfie Kohn a încercat să răspundă la întrebarea **„De ce copiii pedepsiţi continuă să fie obraznici"** – în cadrul unui seminar desfăşurat la Bucureşti, „*Dincolo de educaţia convenţională*" – astfel:

„Pedeapsa şi recompensa sunt feţele aceleiaşi monede, dar o monedă care cumpără extrem de puţine lucruri pozitive", în măsura în care folosirea lor ca parte esenţială a educaţiei convenţionale duce, pe termen lung, în egală măsură, la efecte negative dovedite ştiinţific.

Psihologul le-a explicat părinţilor şi viitorilor părinţi români de ce stilul tradiţional de educaţie, ale cărui rezultate suntem mulţi dintre noi, este profund greşit sub atât de multe aspecte.

Pedeapsa, dar şi recompensa sunt atât de populare în rândul părinţilor din întreaga lume nu pentru că şi-ar fi dovedit eficienţa pe termen lung, ci pentru că sunt foarte simplu de folosit şi dau rezultate pe termen scurt şi foarte scurt. În schimb, înlocuirea pedepselor şi recompenselor, laudelor exagerate şi folosite în orice circumstanţă, presupune depunerea de eforturi considerabile, de curaj, inventivitate şi infinită răbdare, a mai punctat Kohn.

Nu în ultimul rând, reputatul psiholog crede că o altă greşeală capitală pe care o fac dintotdeauna părinţii este că nu-şi tratează copiii cu respect, chiar dacă au acest comportament fără să realizeze că îi desconsideră fix pe cei pe care se presupune că îi iubesc necondiţionat şi pentru care ar face orice.

„Îi arătăm unui străin sau unui coleg mai mult respect, mai multă consideraţie decât copilului nostru. Ce se întâmplă atunci când vezi un străin sau un coleg că se împiedică şi cade? Îl ajuţi să se ridice, îi scuturi hainele, îl întrebi dacă a păţit ceva şi dacă are nevoie de ajutor. Nu ţi-ai permite să-i tragi una după ceafă, să-i spui că este căscat şi că nu se uită pe unde merge, dar exact aşa reacţionează foarte mulţi părinţi în privinţa copiilor lor", a oferit Kohn un exemplu pentru a ilustra lipsa de respect de care vorbeşte.

Părinţii sunt primii care îşi hărţuiesc şi îşi agresează copiii, acasă, apoi se miră că la şcoală ori se transformă în victimele altor copii, ori devin la rândul lor hărţuitorii altor copii, a explicat psihologul modul în care violenţa naşte violenţă, chiar dacă adesea nu este vorba despre violenţă fizică din partea adultului, ci de violenţă emoţională, de tipul interzicerii anumitor lucruri care îi fac plăcere copilului sau de afişarea ostentativă a dezamăgirii atunci când copilul nu se ridică la nivelul aşteptărilor părintelui.

„Laudele nu construiesc încrederea în sine, ci transformă copiii în dependenţi de laude."

Educaţia tradiţională a generat şi continuă să genereze generaţii de „praise junkies" (dependenţi de recompense) pe bandă rulantă şi dă naştere „părinţilor-telecomandă", obsedaţi să-şi controleze copiii nu numai în tot ceea fac, de la modul în care se îmbracă şi dorm, până la ceea ce mănâncă, dar şi legat de felul în care gândesc şi, mai ales, simt. Nu este de mirare, în aceste condiţii, că părinţii le ignoră copiilor sentimentele şi ajung să le spună inclusiv ceea ce trebuie să simtă.

„De exemplu, atunci când fratele mai mare izbucneşte supărat şi spune că îşi urăşte fratele mai mic, părintele încearcă să-l convingă de faptul că nu are cum să simtă aşa ceva pentru că este fratele lui şi trebuie să-l iubească, în loc să discute cu copilul despre motivul care îl determină să spună ceva atât de radical", explică Kohn modul în care părinţii reuşesc, fără să realizeze, să minimalizeze emoţiile şi sentimentele copiilor lor. Adesea, părintele ignoră aceste nevoi emoţionale doar pe motivul că sunt mici şi adultul este cel care le ştie pe toate mai bine, chiar dacă se dovedeşte că de multe ori nu are habar de nevoile fiinţei căreia i-a dat viaţă.

În opinia lui Alfie Kohn, orice proaspăt părinte își dorește să crească un copil independent și sigur pe el, liber în gândire și acțiune, creativ și curajos, dar paradoxul este că, în timp, reușește să acționeze astfel încât rezultatul va fi un adult manipulabil, lipsit de inițiativă, temător și obedient în fața celor mai autoritari decât el.

Psihologul concluzionează că iubirea necondiționată oferită copilului ar putea fi aplicată prin schimbarea în abordarea educației tradiționaliste astfel:

„Părintele nu trebuie să piardă din vedere niciodată, cu nici un preț, că relația cu copilul este cea mai importantă, și nu ca adultul să aibă mereu dreptate. Nici un părinte nu ar trebui să vrea un copil care să se teamă de el și să înțepenească atunci când îl vede. Un exemplu comun este cât de multă importanță dau părinții unui lucru atât de banal cum ar fi ordinea pe care copilul o menține în camera sa. Atâta timp cât siguranța și sănătatea copilului nu sunt puse în pericol de faptul că este dezordine la el în cameră, de ce ar trebui obligat și amenințat ca sanctuarul său, singurul loc din lume care ar trebui să arate așa cum își dorește, să fie așa cum vrea adultul?

Părintele trebuie să învețe să se pună în locul copilului pentru a înțelege dacă modul în care procedează este bun sau nu. Să nu-l mai intereseze că cei din jur îl judecă aspru dacă nu arată că își stăpânește copilul și că l-a dresat așa cum societatea consideră că un copil trebuie să se comporte. Cine vrea un copil cuminte și obedient, care nu ridică nici un fel de probleme, ar trebui să se mulţumească mai degrabă cu un acvariu cu peşti.

Părinţii nu ar trebui să pretindă că sunt mai competenţi în rol de părinte decât sunt cu adevărat. Dar acest lucru se întâmplă pentru că părinţilor le este teamă să le arate copiilor că sunt şi ei vulnerabili, că şi ei greşesc sau că pot fi răniţi de o acţiune a copilului."

3.8 Valoarea educaţiei morale în familie şi problemele de comportament: minciuna, furtul, consumul de alcool şi droguri la copiii adoptaţi

Educaţia morală a copiilor în familie se formează prin cele mai importante deprinderi de comportament: respectul, politeţea, cinstea, sinceritatea, ordinea, cumpătarea, decenţa în vorbire. În realizarea acestor sarcini, modelul parental ajută cel mai mult. Spre exemplu, mergând pe stradă, părintele vede o hârtie, se apleacă, o ia şi o aruncă în cel mai apropiat coş de gunoi. Copilul ce-şi însoţeşte părintele vede gestul acestuia şi îl întreabă de ce a aruncat acea hârtie la coşul de gunoi. Părintele îi explică că aşa a crezut că este corect, să respecte curăţenia atât pe stradă, cât şi în casă. Primind acest exemplu, copilul va proceda la fel atunci când va vedea un ambalaj aruncat pe trotuar, în parc etc.

Fiecare familie trebuie să aibă anumite valori etice şi morale. Ca părinţi este important să discutăm cu copilul şi să îi explicăm de ce anumite comportamente sunt criticate de către societate iar altele sunt acceptate şi cum îl pot afecta pe el.

Încurajând copilul să săvârșească acte de moralitate cum ar fi grija pentru semeni sau comportamentul pozitiv vizavi de alți copii, există șanse ca acesta să repete educația morală primită.

O problemă foarte des întâlnită și cu care majoritatea părinților se confruntă la un moment dat este ***minciuna,*** ca tip de comportament imoral.

Psihologii sunt de părere că dezvoltarea morală începe din fragedă pruncie și continuă până la vârsta adultă. Între 3 și 6 ani este posibil să observăm la copilul nostru momente când denaturează adevărul și primul impuls este acela de a-l pedepsi, însă tocmai aici este și principala greșeală: copilul nu a ajuns într-un stadiu suficient de dezvoltat cognitiv pentru a înțelege imoralitatea unei minciuni. Acest lucru se întâmplă din pricina personalității egocentriste a copilului, ce nu îl lasă să se gândească la plăcerile și dorințele celui de lângă el, crezând că singurele care contează sunt cele pe care le simte el.

La această vârstă putem corecta comportamentul copilului ce săvârșește fapte imorale cum ar fi minciuna, folosind ca exemplu pozitiv povești și fabule.

După vârsta de 6 ani, copilul are capacitatea de a discerne care sunt consecințele unor fapte, de a face diferența între real și fantastic, între comportamentul moral și cel imoral, dacă au fost implementate în mod armonios în familie.

Deoarece personalitatea umană se construiește prin interacțiunea cu semenii noștri, socializarea în cadrul unui grup (grădiniță, școală) are rolul de a dezvolta principiile morale la copii și de a le forma trăsături pozitive de caracter.

Adolescenţii adoptaţi, în schimb, vor apela la minciună din motive precum:
- frică de reacţia părinţilor (mai ales în cazul unor părinţi abuzivi fizic şi/sau emoţional);
- pentru că au senzaţia că părinţii nu ar înţelege;
- pentru că pot obţine un beneficiu;
- pentru că vor să atragă atenţia;
- pentru că vor să îşi acopere unele lacune comportamentale;
- pentru a atrage simpatie sau sprijin din partea celorlalţi.

Sunt adolescenţi care mint fără ca aceasta să fie o stare de fapt (de exemplu, nu spun motivele reale pentru care vor bani de buzunar când ies în oraş) şi adolescenţi care mint constant şi nu consideră minciuna ca fiind ceva rău, în scopul de a acoperi probleme mult mai grave precum consumul de alcool sau droguri.

Primul pas atunci când ne dăm seama, ca părinţi, că adolescentul ne minte este să-i explicăm riscurile la care se supune minţind şi cum ne afectează comportamentul lui.

Alţi paşi de urmat ar putea fi:
- să-i câştigăm încrederea pentru a ne vorbi despre cauzele ce l-au împins spre minciună;
- putem trata adolescentul ca pe un om matur, arătându-i că avem încredere în deciziile lui, dar aducând argumente care să susţină părerea noastră (*Eu cred că este mai bine aşa pentru că...*);
- adolescenţii au nevoie de respect, iar lipsa acestuia constituie un motiv pentru a minţi.

-    putem fi modele pentru adolescent, în calitate de părinți, comunicând într-un mod prietenos și evitând pedepsirea lui.

Furtul apare în cele mai multe cazuri la copiii care mint cu ușurință. Principala cauză ce determină furtul și minciuna la copiii adoptați este faptul că li s-a ascuns această realitate, aceștia aflând accidental sau la o vârstă înaintată (14 ani-18 ani) și pierzându-și încrederea în părinți. O altă consecință ce decurge din acest fapt poate fi ***fuga de acasă.***

Pentru aceste probleme părinții adoptivi pot cere ajutor de specialitate sau pot opta pentru soluțiile descrise pentru comportamentul legat de minciună.

Minciuna și furtul pot apărea din cauza lipsei sprijinului afectiv sau a unor traume suferite pe parcursul vieții. Acest comportament antisocial apare ca formă de protest la ceea ce a trăit și a simțit până să ajungă în familia actuală și poate fi uneori însoțit chiar de furie împotriva părinților adoptivi. Deși părinții se așteaptă ca adolescentul să se schimbe și să aprecieze ceea ce i se oferă (hrană, îmbrăcăminte, afecțiune etc.), acesta poate să manifeste în continuare un comportament neadecvat. Furtul reprezintă pentru el un substitut pentru dragoste și afecțiune.

În cazul în care ați constatat că adolescentul sau copilul a furat, specialiștii vă recomandă:

-    să-i explicați că a fura este un lucru greșit;

- să duceţi obiectul furat înapoi sau să îl plătiţi;

- dacă furtul persistă, să consultaţi un psihoterapeut.

Adolescentul adoptat şi alcoolul

Adolescentul adoptat se poate confrunta cu problema alcoolului ca formă de protest sau revoltă a autorităţii părinteşti, în etapa de mânie a doliului de adaptare. La rândul lor, părinţii adoptivi se întreabă cât anume din comportamentul copilului poate fi pus pe seama adolescenţei şi cât este o urmare a adopţiei.

Consumul de alcool constituie o problemă socială care îi preocupă nu doar pe părinţii adoptivi, ci şi pe educatori, psihologi şi medici. Acest obicei poate fi declanşat de un comportament similar din partea părinţilor adoptivi (poate tatăl adoptiv consumă frecvent alcool şi copilul consideră acest tip de comportament ca fiind unul normal), poate indica o problemă de ataşament în cazul unui copil adoptat la o vârstă mai mare, o lipsă de comunicare a părinţilor sau o lipsă de implicare a părinţilor în problemele curente ale adolescentului.

Pentru a preveni consumul de alcool în adolescenţă puteţi discuta încă din vremea copilăriei despre acest subiect, explicând care sunt efectele sale nocive.

Trebuie să fiţi un exemplu pozitiv în acest sens şi să limitaţi consumul de alcool în familie, mai ales de faţă cu copilul.

Dacă vă pune întrebarea: *„Când am voie să consum alcool?"*, trebuie să-i răspundeți ferm: *„Atunci când vei fi mare!"*

După vârsta de 7-10 ani vă poate întreba de ce nu are voie să guste alcool, iar dumneavoastră îi puteți răspunde că aveți datoria să vă îngrijiți de sănătatea lui. Alte răspunsuri plauzibile pot fi acelea că alcoolul consumat de către copii duce la rezultate slabe la învățătură – deoarece le afectează creierul – sau că nu este legal.

După vârsta de 12-14 ani trebuie să fiți atenți în permanență la anturajul copilului dumneavoastră și să încercați să-i canalizați energia și preocupările către activități extrașcolare creative, care să-i facă plăcere. Explicați-i despre tinerii care se urcă băuți la volan și produc adevărate dezastre.

Discutați cu el despre prietenii săi care au consumat alcool și despre cum îi afectează acest lucru. Învățați-l să refuze invitația colegilor/prietenilor săi, în cadrul unor evenimente (de exemplu o zi de naștere la care participă), de a consuma alcool și să motiveze astfel: *„Mie îmi place Fanta/Cola"* sau *„Nu, mulțumesc, vreau să am mintea limpede"*.

Dacă totuși adolescentul a consumat alcool, nu faceți o tragedie din asta. Încercați să rezolvați împreună această problemă, pentru ca acest comportament să nu se repete. Și țineți minte că, de cele mai multe ori, copiii/adolescenții sunt tentați să consume alcool din pricina unei plictiseli cronice, din dorința de a fi cool pe Facebook sau în ochii prietenilor lor și, uneori, din cauza unei presiuni prea mari a părinţilor de a lua note mari la şcoală/liceu.

Tânărul adoptat şi consumul de droguri

Consumul de droguri poate avea multe cauze în rândul tinerilor adoptaţi: teribilism, lipsa de încredere în sine, lipsa de respect faţă de sine, sentimentul de inferioritate şi inutilitate, o familie în care există conflicte şi tensiuni şi în care se consumă frecvent alcool, lipsa capacităţii de adaptare la schimbări, imaturitate, capacitate slabă de a face faţă integrării în noua familie, traume suferite anterior, curiozitate.

Drogurile sunt ilegale, prin urmare consumul lor este incitant, făcându-i să uite de dificultăţile de acasă şi de la şcoală, iar consumul lor izvorăşte din incapacitatea de a găsi soluţii adecvate, lipsa unor scopuri sau idealuri în viaţă.

Consumatorii de droguri adoptă vagabondajul ca tip de comportament ce se manifestă prin absenţe de la şcoală, rezultate slabe la învăţătură, sustragerea de la activităţi extraşcolare. Vagabondajul duce la sustragerea adolescentului de la influenţele familiale şi la posibila lui încadrare în bande de infractori, deoarece drogul provoacă violenţă împotriva consumatorului, a familiei şi a societăţii.

Drogurile au pătruns şi în arii sociale în care tendinţa de imitare a comportamentelor nonconformiste este foarte crescută, şi anume în licee şi în şcoli generale.

De aceea, există o anumită vulnerabilitate a adolescenților față de consumul de droguri, cauzată atât de accesibilitatea drogurilor, cât și de particularitățile vârstei, care îi face să fie mult mai deschiși în a încerca lucruri noi, dar trebuie ținut cont și de specificul societății românești aflate într-o anumită stare de dezorientare culturală.

În acest context, tinerii devin principalele victime ale drogurilor. Pentru un tânăr, eticheta de infractor poate fi un stigmat care îl urmărește toată viața. De aceea, pedeapsa cu închisoarea, chiar dacă este urmată de eliberare la un moment dat, este însoțită de cele mai multe ori de izolarea definitivă de societate a consumatorului. Revenirea dintr-un mediu carceral în societate implică dificultăți enorme de adaptare pentru un consumator de droguri. De cele mai multe ori, consumatorii de droguri sunt persoane care au dificultăți de adaptare în mod normal și recurg la consum pentru „a-și rezolva această problemă". Cu atât mai mult, eliberarea din închisoare îi pune din nou în situația de a se readapta unei lumi din care se simțeau oricum excluși. În acest context, cei mai mulți consumatori de droguri, odată eliberați din penitenciar, reiau consumul de droguri și pedeapsa cu închisoarea se dovedește a fi doar o întrerupere a consumului.

Fiind persoane vulnerabile, consumatorii de droguri, în special copiii, au nevoie în primul rând de asistență, măsurile privative de libertate dovedindu-și precaritatea. În cazul în care un consumator este condamnat la pedeapsa închisorii pentru săvârșirea unei alte infracțiuni decât cele enunțate mai sus, instanța poate dispune includerea acestuia într-un program terapeutic derulat în sistemul penitenciar.

Analizaţi la modul general, copiii delicvenţi se caracterizează prin trei aspecte comune:

- un trecut al violenţei domestice;

- consum de droguri;

- vulnerabilităţi de ordin cognitiv sau neurobiologic.

Totuşi, nu toţi copiii care au suferit traume vor deveni consumatori de droguri sau infractori. Există anumiţi factori ce intervin în situaţia aceasta, cum ar fi gradul de ataşament, temperamentul, disponibilitatea emoţională. Un mediu familial suportiv, organizat şi deschis va ajuta copilul să devină independent şi echilibrat.

Capitolul 4
În sfârşit am devenit părinţi

„Au fost odată două femei care nu s-au întâlnit niciodată.
Una de care tu nu-ţi aminteşti, alta pe care o numeşti MAMĂ.
Prima ţi-a dat viaţă, a doua te învaţă să o trăieşti.
Una te-a dat spre adopţie: era tot ce putea face pentru tine.
Cealaltă se ruga să aibă un copil şi Dumnezeu a îndrumat-o către tine.”

Poet filipinez anonim

4.1. Prima seară alături de copilul nostru

În sfârşit am reuşit să depăşim toate etapele premergătoare acestui moment şi suntem acasă alături de copilul nostru! Cât de mult am aşteptat această clipă!

În acest capitol am dorit să fac cunoscute câteva mărturii ale unor familii care au adoptat copii, inclusiv povestea băiatului nostru, Alexandru.

Visul de a deveni mamă s-a transformat în realitate în vara anului 2013, când am reuşit să-l aducem acasă pe băiatul nostru, de la asistenta maternală, la care a crescut până la vârsta de 2 ani şi 3 luni. Intrasem în etapa de încredinţare în vederea adopţiei.

Tot drumul, cât a durat mutarea în noua familie, a fost trist dar liniştit. Nu a plâns în ziua când asistenta maternală l-a îmbrăţişat pentru a-şi lua rămas bun. L-am luat aşa cum era îmbrăcat, cu hainele de joacă, puţin prăfuit pe mânuţe şi genunchi, ca să nu accentuăm despărţirea de persoanele şi mediul cu care era obişnuit. Ajunşi acasă, l-am spălat şi l-am lăsat să se acomodeze cu camera lui, în care adunasem, pe parcursul vizitelor la noi, o mulţime de jucării. M-am jucat cu Alexandru câteva ore, dar continua să fie abătut şi mă privea rareori în ochi.

Era în continuare foarte liniştit şi nu a pus întrebări despre asistenta maternală, însă seara, la culcare, după ce l-am schimbat în pijamale şi i-am citit o poveste, în momentul când am stins lumina şi am vrut să-l învelesc, a început să plângă în hohote. A fost un moment foarte greu pentru amândoi. Îmi cerea printre sughiţuri de plâns să-l duc înapoi, la asistenta maternală. I-am explicat că aceasta (asistenta) stă departe, că doarme pentru că afară este noapte şi că putem vorbi cu ea a doua zi. Nu a vrut să accepte ceea ce-i spuneam, pentru că era speriat de situaţia în care se afla. Aşa cum am fost pregătiţi la Direcţia pentru Protecţia Copilului în vederea atestării ca familie aptă să adopte, Alexandru trecea prin *etapa de şoc*, ca urmare a despărţirii de persoanele de referinţă. Mi-am amintit instantaneu de tot ceea ce ni s-a explicat de către psihologi, că universul mirosurilor, gusturilor, sunetelor s-a schimbat şi îi induc un sentiment intens de nesiguranţă.

Privindu-l cum plânge, mi-a venit ideea să-l întreb dacă ar vrea să mai amânăm puțin momentul de a dormi și să ieșim afară, să ne plimbăm. Surprinzător, a fost de acord, astfel că la ora zece seara ne-am schimbat amândoi de pijamale și am ieșit în fața blocului, unde câțiva vecini, împreună cu copiii lor, stăteau de vorbă. M-am apropiat de acei copii și am încercat să inițiez pentru câteva minute o conversație între ei și Alexandru, pentru a-l face să uite de „supărarea" lui. Strategia a funcționat, astfel că, după o oră, timp în care ne-am plimbat în jurul blocului, era mult mai relaxat și a acceptat să intrăm în casă și să-i mai citesc o poveste.

Ajunși în pat, i-am citit povestea și, înainte de a o finaliza, după atâtea emoții copleșitoare, a adormit. Era aproape de miezul nopții iar pe mine nici vorbă să mă ia somnul. Ațipeam pentru o oră, apoi mă trezeam și-l priveam, îl înveleam, iar după aceea mă culcam la loc și tot așa, până spre dimineață.

În sfârșit, după ce s-a trezit și am luat cu toții micul dejun, mă așteptam să mă întrebe din nou despre asistenta maternală și să-mi ceară să o vadă. Spre uimirea mea, nu a deschis discuția. I-am propus să ne îmbrăcăm și să ieșim în parc. A primit cu o oarecare bucurie propunerea mea și, astfel, am trecut la fapte. L-am lăsat să se dea pe tobogan, l-am dat în leagăn și în balansoar. A doua parte a zilei, împreună cu soțul meu, am petrecut câteva ore la curte (deținem în proprietate și o casă), unde s-a jucat în continuare, chiar dacă starea lui emoțională nu s-a îmbunătățit foarte mult.

Nu voi uita niciodată prima zi petrecută cu Alexandru și toate emoțiile trăite de amândoi.

Familia T. din Piteşti *a răspuns la întrebarea „Cum s-a desfăşurat prima seară alături de copilul dumneavoastră" astfel:*

- Povestiţi trăirile sufleteşti pe care le-aţi avut la prima vizită făcută acasă la asistentul maternal şi în prima seară petrecută în familie, alături de copil.

- Aşteptam cu nerăbdare momentul acela când sună telefonul şi eşti chemat să-ţi cunoşti copilul. A sunat şi la noi şi, cu toate că aşteptam de ceva timp, ne-a luat prin surprindere, ne-a prins total nepregătiţi. Eu eram plină de emoţii, iar soţul tăcut şi îngândurat! Ne-au încercat toate stările; la prima vizită nu am putut să leg două cuvinte şi nu am fost în stare să interacţionez cu copilul, dar soţul meu s-a descurcat mai bine; când l-am adus acasă erau atâtea de făcut încât eram depăşită de situaţie şi emoţionată, iar când a fost să mergem la doctor pentru analize sau când a trebuit să ne întâlnim cu asistentul maternal după două săptămâni de stat cu copilul, eu nu am avut curajul să particip. Toate acestea le-am trăit la intensitate maximă şi cu toate că sunt o fire descurcăreaţă şi nu mă dau înapoi de la nimic, de data aceasta emoţiile şi-au spus cuvântul.

Prima zi alături de copil s-a desfăşurat prin scurte vizite pe care le-am făcut atât la părinţii soţului, cât şi la ai mei. S-a jucat cu mama soacră, au stat nedespărţiţi şi de atunci s-a creat o legătură specială între ei; lui îi place să-i zică „mamaia mea iubită", iar ea ne sună la două-trei zile să-l audă, deși ne vedem foarte des. Apoi am plecat la ai mei. Fratele meu are o fetiță de aceeași vârstă cu el și aceasta îl aștepta și îi pregătise o mașinuță cadou. S-au plăcut, iar el, puțin timid, îi privea pe toți. Era prea mult pentru o zi. A cerut să fie luat în brațe și soțul meu l-a ținut până când ne-am retras.

- A fost speriat, stresat, a plâns?

- A fost puțin tensionat, dar nu a plâns.

- A întrebat despre asistentul maternal?

- Nu. Nu a întrebat de asistentul maternal. În prima seară a întrebat doar de tatăl asistentului maternal, de care era atașat și cu care petrecea mult timp.

- Cum ați procedat ca să-l culcați? Ați dormit cu el în pat peste noapte?

- Nu știu cât și cum dormea, dar cert este că de când a intrat în casa noastră, și-a stabilit singur programul. Așa este și acum. În jur de ora 22.00 a cerut „nani"! După cum aflasem, trebuia să-i dăm biberonul cu ceai sau lapte. Așa am făcut! S-a așezat în pat și a adormit imediat. Da! În prima seară am dormit cu el în pat. Mult spus „dormit", pentru că nu am închis ochii nici eu și nici soțul meu. Ne priveam din când în când, zâmbeam, dar nu ne mișcam, ca să nu-l trezim! Am fost foarte emoționați!

4.2 Perioada de adaptare a copilului în noua sa familie

În cazul lui Alexandru, etapa de şoc a durat exact 48 de ore, aşa cum au prevăzut şi psihologii de la Direcţia pentru Protecţia Copilului. Următoarea etapă a fost cea de *îmblânzire,* care a durat ceva mai mult, aproximativ două luni.

În această perioadă am stat acasă cu băiatul, în concediu, doar soţul continuând să meargă la serviciu.

Am ales să dorm cu Alexandru în aceeaşi cameră, iar soţul meu singur, pentru a-i conferi un sentiment de siguranţă. Îi vorbeam cu blândeţe în fiecare zi şi încercam, pe cât posibil, să instaurez mici ritualuri pentru a se obişnui cu un program de masă, joacă, somn. Seara, la culcare, îi citeam poveşti şi petreceam zilnic cel puţin 4-5 ore împreună, în care ne jucam. Îi construiam castele din cuburi, ne jucam cu maşini sau ieşeam afară şi ne jucam cu mingea. Cu toate acestea, mă privea foarte puţin în ochi, iar atunci când încercam să comunic cu el, întorcea capul şi privea în tavan. La un moment dat, am început să mă gândesc că poate suferă de vreo tulburare a creierului şi l-am dus la un psiholog pentru a vedea dacă prezintă vreo formă de autism. S-a dovedit a fi alarmă falsă.

În toată perioada de îmblânzire, Alexandru s-a comportat docil, însă am simţit că trebuie să-i câştigăm afecţiunea şi încrederea zi după zi. În cele două luni a adus vorba de asistenta maternală de vreo trei-patru ori, dar nu a manifestat dorinţa de a o întâlni. Eu am fost dispusă să o chem în vizită acasă la noi, dacă ar fi fost necesar, însă m-am limitat în cele din urmă la câteva telefoane, pe care i le-am dat pentru a o consola după plecarea lui Alexandru. De asemenea, în perioada următoare i-am trimis câteva fotografii.

A fost şi această etapă plină de provocări pentru a face faţă cu succes rolului de proaspeţi părinţi ai unui copil adoptat. Soţul m-a sprijinit foarte mult de-a lungul tuturor etapelor prin care am trecut şi consider că am fost norocoasă să am alături o astfel de persoană ce doreşte să se implice în creşterea şi educaţia fiului nostru. Am beneficiat din plin de experienţa sa, pentru că el este în acelaşi timp tatăl a două fete dintr-o căsătorie anterioară. Pot spune că pentru mine acest fapt a constituit un avantaj.

Adaptarea, ca nouă etapă, în familia noastră a durat aproximativ o jumătate de an. Bineînţeles că, după cele două luni de concediu, a trebuit să-mi reiau serviciul, astfel că în luna septembrie 2013 l-am înscris pe Alexandru la o grădiniţă cu program prelungit. Consider că dacă legislaţia naţională ar fi prevăzut acordarea unui concediu ca urmare a adopţiei unui copil, perioada de adaptare ar fi decurs în avantajul lui Alexandru.

Îmi amintesc că a fost o etapă destul de confuză pentru fiul nostru, până a realizat că noi suntem părinţii lui, că-l iubim nespus şi că îi dorim tot binele din lume. Uneori, când îl luam de la grădiniţă, se lipea de educatoare şi plângea, refuzând să vină acasă cu noi. Alteori, când plecam în vizită cu el, sărea în braţele prietenilor noştri, având o atitudine de respingere faţă de noi, ca părinţi.

Cea mai mare provocare în toate aceste luni a fost să-l învăţăm să-şi facă nevoile fiziologice la oliţă şi baie în cadă. Fusese obişnuit, până la vârsta de doi ani şi trei luni, doar cu pampers. Pentru că insistam să-l obişnuim cu oliţa, se revolta şi, după ce făcea în scutec, şi-l scotea şi-l arunca în mijlocul casei sau pe aşternuturi.

În ceea ce priveşte baia, am încercat mai multe variante. De la spălatul în cădiţă, duş sau spălatul în cada umplută cu puţină apă. Am pregătit jucării pe care să le ţină în mână, gel de duş şi săpun special pentru bebeluşi, însă rezultatul era mereu acelaşi. Când îl scufundam în apă, ţipa (sau mai bine zis urla) cât putea el de tare. Momentul băii devenise şi pentru mine „o încercare". După câteva eşecuri, am realizat, împreună cu soţul meu, un adevăr: fiul nostru fusese „curăţat" cu şerveţele umede de foarte multe ori în perioada cât a stat în îngrijirea asistentei maternale, astfel că nu era prea familiarizat cu apa. Soluţia salvatoare a fost aceea de a-mi lua costumul de baie şi de a intra în cadă cu băiatul în braţe. Am stat amândoi în apă şi, ca prin farmec, s-a liniştit.

O nouă provocare a apărut tot în această perioadă, atunci când doream să intrăm în biserică. Ţipa şi plângea, refuzând categoric chiar dacă îl luam în braţe. Eram hotărâţi să-i numim o pereche de naşi şi să-i facem o slujbă de intrare în familie, pentru ca Dumnezeu să ne binecuvânteze familia. Desigur, după această slujbă la biserică a urmat şi o petrecere, la restaurant, la care au participat colegi, rude şi prieteni.

Apropierea lui Alexandru de biserică a venit însă treptat, după ce l-am invitat pe părinte la noi acasă pentru a se obişnui cu prezenţa şi cu veşmintele lui. Acomodarea s-a realizat pe deplin în anul următor, când, înainte de Paşti, toţi copiii din grupa lui de la grădiniţă au fost duşi la biserică pentru a fi împărtăşiţi.

În perioada de adaptare am început să-i explicăm povestea vieţii lui. I-am spus că doamna care l-a născut nu a putut să-l îngrijească şi a ales să-l dea spre adopţie. Am cumpărat un album de fotografii în care am aşezat toate pozele făcute în diferite momente, anterior intrării în familia noastră, inclusiv de la botezul său (pe care le-am primit de la asistenta maternală). Acest album a devenit *cartea* lui preferată şi, când doreşte să ne spună *povestea lui*, răsfoieşte acest album explicându-ne, cu un aer foarte serios, cum a devenit băieţelul nostru.

__Familia T. din Piteşti__ povesteşte despre perioada de adaptare a băiatului în noua familie:

- Descrieţi perioada de adaptare a copilului în familia dumneavoastră.

- La cursurile pe care le-am urmat la Direcţie ni s-a atras atenţia că perioada de acomodare durează până la doi ani. Atunci nu am crezut şi ni s-a părut exagerat. Acum spun cu deplină convingere că la noi a durat fix doi ani. De la stări de şoc, crize din senin, situaţii tensionate şi de neînţeles, frici şi spaimă de abandon, până la dorinţa de a simţi dragoste şi apartenenţă. De aproximativ o lună auzim în repetate rânduri de la cei apropiaţi: *„Hai că acum e mai bine, nu? Ce mult s-a schimbat! E mai liniştit! Ce mult vă seamănă acum!"*

Abia acum văd că se simte în siguranţă şi nu mai există atât de pregnant sentimentul abandonului sau posesia faţă de persoane sau lucruri. Am ţinut legătura cu asistentul maternal doar telefonic. Nu a fost ceva intenţionat, dar la început am zis să treacă ceva timp până se vor vedea sau vom merge în vizită şi apoi întâmplarea a făcut să nu putem ajunge când ne-am propus. El ştie multe lucruri legate de asistentul maternal şi familia acestuia, pentru că în povestea noastră apar şi ei când vine vorba de „când m-a trimis Doamne-Doamne la voi".

- Cum aţi procedat ca băiatul dumneavoastră să se obişnuiască cu familia, rudele, prietenii de familie? Aţi petrecut o perioadă doar cu copilul, sau aţi ales să faceţi vizite, plimbări alături de alte persoane din anturaj?

- Plasarea lui în familia noastră a coincis cu concediul nostru, aşa că am avut timp pentru toate. Am fost în vizită, am primit vizite peste vizite, ceea ce lui i-a plăcut mult, pentru că primea cadouri, se juca şi interacţiona cu toţi.

- Aţi organizat o petrecere de bun venit în familie? Care a fost reacţia copilului?

- Nu am organizat o petrecere, dar o lună şi mai bine de atât a fost tot o petrecere pentru noi, iar peste o lună de la mutarea lui la noi acasă a împlinit vârsta de doi ani şi atunci am petrecut ca-n basme trei zile şi trei nopţi. După acea petrecere, două luni a tot cântat prin casă „Mulţi ani trăiască!"

- I-aţi vorbit în această etapă despre cum a ajuns în familia dumneavoastră? Aţi folosit desenul sugerat de Protecţia copilului (cu mama biologică, spitalul unde se naşte, asistentul maternal şi familia dumneavoastră etc.), sau aţi ales altă variantă de a-i spune?

- Am vorbit încă de la început. Am povestit mereu când ne întreba şi am folosit şi desenul sugerat de cei de la Direcţie. În schimb, de mama biologică nu am vorbit şi când suntem întrebaţi, ocolim subiectul. Ori este o problemă a noastră, ori, aşa cum afirmam, nu vrem să stârnim interesul; ceea ce nu cunoşti te atrage cel mai mult. Povestea noastră începe mereu de la momentul asistentului maternal. Lipsesc maternitatea şi mama.

4.3 Relaţia de ataşament cu copilul nostru

Specialiştii consideră că *ataşamentul* are mai mult legătură cu un sentiment profund de siguranţă decât cu sentimentul de a fi iubit.

Sentimentul de mare siguranţă şi de încredere totală se ţese atunci când copilul descoperă răspunsuri adecvate la deznădejdile lui. Nimeni nu poate contesta faptul că bazele sentimentului de ataşament se pun încet, dar sigur de-a lungul etapelor de îmblânzire şi de adaptare. Prezenţa constantă şi liniştitoare a unui părinte care îşi face timp pentru a încuraja învăţarea tuturor noilor cunoştinţe necesare pentru a trăi în noul lui mediu îl ajută pe copil să se simtă important, valabil şi din ce în ce mai în siguranţă.

În mod inconştient, aceasta este etapa în care copilul hotărăşte sau nu să aibă încredere şi să se angajeze fără teamă. Acum, spaimele nocturne, regresiile, mâniile îşi pierd din intensitate. Dacă, bineînţeles, copilul hotărăşte să aibă încredere. Să te ataşezi de un nou părinte înseamnă să-ţi încredinţezi viaţa în mâinile lui: *„Te iubesc, simt că mă iubeşti fără nici o condiţie şi mă simt în totală siguranţă alături de tine"*. Să te ataşezi de un nou părinte înseamnă nu numai să te simţi iubit şi, reciproc, să nutreşti un sentiment de dragoste faţă de el. Înseamnă să ai încredere în el, să fii sigur că se întoarce întotdeauna, seara, acasă.

Un copil care este sigur de ataşamentul faţă de ai săi devine un mic explorator: el poate creşte, poate să-şi facă propriile experienţe, să se îndepărteze cu câţiva metri, să stea câteva ceasuri cu un alt adult având totodată sentimentul că se află în siguranţă. Trăieşte, în sfârşit, sentimentul că poate să urce Everestul vieţii, pentru că acum are o tabără de bază solidă, disponibilă, vigilentă, dar pe care nu trebuie să o care după el. Ataşamentul devine mai sigur după o perioadă de 3 până la 6 luni de la sosirea copilului, uneori mai târziu; când copilul este mai mărişor, ataşamentul devine mai sigur câţiva ani mai târziu.

Direcţia Generală de Asistenţă Socială şi Protecţia Copilului, Biroul Adopţie şi Postadopţie Argeş în articolul *Ataşamentul, factor de protecţie sau risc pentru sănătatea emoțională* prezintă mai multe tipuri de atașament:

- *Atașament securizant* – copiii învață că, orice s-ar întâmpla, cineva este lângă ei și le acordă grijă. Când acel cineva lipsește perioade mai lungi de timp, copiii îl caută. Ei învață să perceapă relațiile sociale ca pe un context pozitiv, plăcut și simt că le pot face față. Copiii învață să-și exprime direct și sănătos nevoile și emoțiile;

- *Atașament anxios-evitant* – copiii învață că nu se pot baza pe adult și evită uneori persoana semnificativă (părintele). Copiii învață se se simtă confortabil doar atunci când sunt în atenția sau în apropierea persoanelor semnificative. Copiii învață să-și exprime emoțiile negative pe care le au în situații stresante prin reacții emoționale și comportamente exagerate (neliniștiți, impulsivi). Copiii învață să fie reticenți în situații noi.

- *Atașament anxios-ambivalent sau rezistent* – copiii învață să nu ceară ajutorul atunci când au o problemă sau se simt inconfortabil. Învață să-și rezolve singuri problemele și resimt adesea furie față de ceilalți. Învață că ceilalți nu sunt de încredere și nu merită să fie iubiți. Au dificultăți în stabilirea unor relații apropiate, de încredere. Copiii învață să minimalizeze ceea ce simt (*„Oricum nu-mi era așa de bun prieten, nu-mi plăcea așa mult de el”*).

- *Atașament dezorganizat* – comportamentul copilului este incoerent și impredictibil în relațiile cu ceilalți. Persoanele din jurul lui nu pot să anticipeze reacțiile copilului într-o anumită situație.

Pentru a construi relația de atașament cu Alexandru am încercat să comunic în permanență cu el, chiar dacă la început mă ignora. Am avut răbdarea să-i accept toate reacţiile de mânie vizavi de noi, până în momentul în care s-a simţit în siguranţă, iar acest tip de comportament s-a diminuat.

În primele luni după intrarea în familie nu i-am lăsat timp ca să se plictisească. Am fost în vizită la prieteni, l-am luat cu mine la serviciu timp de câteva ore şi am încercat să-l implic în activităţi distractive: am mers în parc aproape zilnic, l-am plimbat cu bicicleta, am modelat cu plastilină, i-am citit poveşti, am cântat la pian sau ne-am jucat cu mingea.

Un rol pozitiv l-a avut grădiniţa, pentru că şi-a făcut prieteni de seama lui şi a avut ocazia să participe şi aici la tot felul de activităţi educative.

Un alt aspect ce mi se pare important în construirea unei relaţii pozitive de ataşament este acela de manifestare deschisă şi sinceră a afecţiunii pentru copil. Eu şi Alexandru ne pupăm în fiecare dimineaţă şi seară şi nu trece nici o zi în care să nu-i spun *„te iubesc!"*

Este foarte important ca proaspăta familie să petreacă un timp împreună cu copilul şi să-i ofere atenţie şi afecţiune. O idee în acest sens poate fi o excursie la mare sau la munte, unde copilul va învăţa să aibă încredere în părinţii săi şi va trăi o experienţă pe care nu o va uita curând (în cazul în care este ceva mai mare).

Îmi amintesc cu plăcere momentul când am ajuns la mare împreună cu Alexandru. Fiind pentru prima dată când vedea imensitatea mării şi păşind pe nisipul fin de pe ţărm, cu picioarele goale, prima lui reacţie a fost: „-

Vai, mami, ce de noroi... De ce trebuie să mergem desculţi?"

Apoi, am intrat în apa mării până la glezne şi cu toate că era speriat de valurile ce veneau spre ţărm şi voia ca soţul meu să-l ia în braţe, era foarte încântat că am ajuns pe litoral. Primele zile nu a fost cu putinţă să-l convingem să facă baie în mare. Apoi s-a împrietenit cu un alt băieţel de pe plajă şi au început să se joace şi să construiască castele de nisip, astfel că intra în apă cu găletuşa sau căuta împreună cu mine scoici pe care să le luăm acasă.

A fost o experienţă minunată pentru micuţul nostru, pe care a povestit-o tuturor la întoarcerea acasă. Cel mai important aspect în privinţa lui Alexandru a fost dezvoltarea încrederii în sine şi în noi, ca părinţi. Legătura afectivă a devenit mult mai profundă, în special faţă de tatăl său, pe care îl priveşte cu admiraţie şi îi conferă sentimentul de siguranţă şi protecţie.

Familia T. din Piteşti *descrie relaţia de ataşament cu băiatul lor:*

- În cât timp s-a creat o legătură profundă cu copilul dumneavoastră? A avut probleme de ataşament (din cauza unor traume)? Dacă da, cum le-aţi depăşit? Aţi apelat, de exemplu, la ajutorul unui psiholog?

- Încă de la prima întâlnire ne-am plăcut şi ne era dor să-l revedem. L-am rupt greoi şi cu paşi mici dar siguri, i-am câştigat încrederea şi apoi dragostea. În prima zi nu a stat decât cinci minute cu noi, într-o săptămână voia să plecăm cu maşina, iar într-o lună jumătate, când l-am luat acasă, nu a plâns şi nu a mai vrut să revină la asistentul maternal. Faptul că l-am vizitat zilnic de când l-am cunoscut până când l-am mutat la noi acasă a contat foarte mult. La două săptămâni după ce l-am mutat, s-a întâlnit cu asistentul maternal şi, când ne-am despărţit, soţul meu l-a întrebat dacă pleacă sau rămâne cu noi şi nu a vrut să plece, ba mai mult, s-a retras şi l-a luat de pantaloni. Deci îi plăcea noua formulă.

- Cum aţi procedat, concret, ca părinţi, la consolidarea relaţiei cu băiatul dumneavoastră?

- La început cu multă iubire (chiar prea multă, încât am avut şi de suferit mai apoi din pricina răsfăţului), iar acum petrecem mult timp împreună, vorbim, explicăm, punem restricţii şi sarcini şi primim recompense pe măsură.

- Ce temperament are copilul dumneavoastră? Credeţi că ataşamentul copilului este influenţat de temperament?

- Este sangvinic spre coleric. Da! Cred că relaţia de ataşament depinde şi de temperament, atât modul cât şi durata.

Gary Chapman şi Ross Campbell sunt doi psihologi care au descris cinci limbaje ale iubirii în relaţia părinte-copil, De asemenea, ei vorbesc despre metafora iubirii văzută ca un „rezervor". Acest lucru înseamnă să vizualizezi iubirea ca pe un recipient care dacă este plin înseamnă că există iubire reciprocă între părinţi şi copii, iar aceştia din urmă sunt echilibraţi, fericiţi şi dezvolă rezilienţă, atat de importantă pentru a trece prin dificultăţile vieţii. Dacă recipientul nu este plin, atunci copiii vor avea probleme de furie, imaturitate, vor fi nesiguri şi lipsiţi de echilibru.

Iubirea se poate manifesta în mai multe feluri, iar autorii de mai sus au propus cinci limbaje ale iubirii. Cum poţi identifica ce limbaj al iubirii „vorbeşte" copilul tău şi cum poţi învăţa să îl foloseşti în relaţia cu el? Iată descrierile acestora şi recomandari pentru fiecare tip de limbaj:

Atingerile. Acestea sunt o nevoie de bază a oamenilor, fac parte din instinctul natural, ofera siguranţă emoţională şi sunt cel mai uşor de oferit. În interacţiunea cu copilul tău, te poţi folosi de atingeri pentru a-i arăta iubirea astfel:

- aşază-te alături de copil pe scaun
- ţineţi-vă de mâini
- dansaţi
- îmbraţişaţi-vă
- gâdilaţi-vă
- pupatul pe frunte sau obraji

Copilul cu acest limbaj: cere să fie luat în brate des, primeşte cu bucurie şi împarte săruturi şi îmbrăţişări, îi place sa fie activ fizic şi se bucură de hârjoneală.

Cuvintele sunt o modalitate foarte puternică de a comunica iubirea, afecțiunea, lauda, încurajarea și îndrumarea. Copiii care primesc astfel de cuvinte din partea părinților lor dezvoltă un sentiment al valorii și siguranței în sânul familiei. Totuși, e important să se țină cont de: tonul vocii, volumul, limbajul corporal și fluența verbală. Poți spune copilului cuvinte care să îi confirme afecțiunea și aprecierea ta astfel:

- folosirea de cartonașe sau hârtii pe care să îi scrii mesaje
- pastrând obiecte realizate de copilul tău
- folosind cuvinte de alint
- spunându-i motivele pentru care ești mândru de el
- apeluri sau mesaje pe telefon prin care îi spui cât de mult contează pentru tine
- facându-i complimente

Copilul cu acest limbaj al iubirii îți va cere părerea în mod frecvent când vine vorba de realizarile, înfățișarea sau alegerile sale, se bucură în mod vizibil atunci când primește complimente și laude și oferă la rândul lui multe complimente.

De asemenea, indicii ale acestui tip de limbaj pot fi și zâmbetul, verbalizarea sentimentelor, aprobarea verbală sau reacțiile puternice la critica și cuvintele urâte.

Timpul de calitate se referă la oferirea atenției și a timpului tău. Timpul de calitate transmite indirect copilului mesajul că „Ești important și îmi place să stau cu tine". Timpul de calitate implică nu doar sentimentele de iubire, ci și amintirile construite unii alături de ceilalți. Cum poți petrece timp de calitate cu copilul tău?

- spune-i o poveste

- râdeți împreună

- cântați

- împartășiți-vă sentimentele și gândurile

- creați ceva împreună

- realizați activități împreună

- inventați tradiții în familie

Copilul care folosește acest limbaj: caută frecvent atenția și compania ta, te roagă să te joci cu el, stă lângă tine și te observa atunci când ai treabă sau te roagă să stai cu el în camera când se joacă.

Servicii și favoruri. Acest limbaj te va ajuta și să modelezi copilului iubirea pentru ceilalți și motivația de a-i ajuta pe cei din jur. Poți face asta arătându-i prin diferite activități ce înseamnă ospitalitatea, reparându-i jucăriile fără a cere nimic în schimb, gătind mâncarea lui preferată, implicându-vă în acte de caritate etc.

Copilul care prefera acest limbaj: cere și oferă ajutor atunci când este nevoie, se bucură atunci când este ajutat sau când lucrează împreună cu tine la un proiect.

Darurile sunt importante prin ceea ce reprezintă şi nu neaparat prin conţinut, mărime sau cost. Darurile nu sunt recomandate atunci când sunt folosite pentru a compensa vinovăţia părintelui sau timpul redus petrecut cu copilul. Atunci când oferi daruri copilului, poţi opta pentru un kit pentru a construi ceva, un obiect cu o anumită semnificaţie, obiecte care au legatură cu preocupările şi interesele copilului sau daruri care pot fi folosite mai mult timp.

Copilul cu acest limbaj al iubirii se bucură mult când primeşte cadouri, chiar dacă nu sunt valoroase material, oferă la rândul lor obiecte persoanelor pe care le apreciază, este extrem de bucuros când descoperă cadourile de Crăciun sau de ziua de naştere.

Ataşamentul privit de către specialişti se referă la un model flexibil şi securizant construit de copil, pe care îl generalizează la relaţiile care urmează. La vârsta de 1 an, ataşamentul este reprezentat de nevoile lui şi mijloacele prin care acestea pot fi satisfăcute.

Sentimentul de siguranţă care este dobândit reprezintă elementul esenţial care va permite copilului, începând de la vârsta de aproximativ un an, să exploreze lumea exterioară. La această vârstă, copilul este extrem de sensibil la despărţire, la orice ameninţare de pierdere a persoanelor importante pentru el, dar este şi natural pornit spre explorare atunci când se simte în siguranţă.

La vârsta de 2 ani, copilul începe să exploreze lumea. Se află însă în faţa unei dileme: curiozitatea îl împinge înainte, dar teama îl reţine. Se simte frustrat pentru că nu poate răspunde propriilor dorinţe, dar liniştit să constate că părinţii îi controlează mediul şi îi asigură securitatea.

În cel de-al doilea an de viaţă, între prima şi a doua aniversare, accentul ar trebui pus pe limitele impuse de părinţi. Trebuie să se dezvolte conceptul de „NU" şi acceptarea limitelor. Copilul vrea să aibă şi să facă unele lucruri, cum ar fi să se joace cu butoanele de la instalaţiile electronice din casă. Un părinte eficient stabileşte limite spunând „nu" şi gândind acest lucru. Copilul care este ataşat vede nemulţumirea din ochii părintelui, încetează să se joace cu butoanele de la instalaţiile electronice şi observă apoi mulţumirea din ochii părintelui. În acest fel, copilul învaţă să accepte limitele. Acest ciclu de dorinţă-stabilire a limitelor-acceptare a limitelor se repetă de nenumărate ori în timpul zilei în acest al doilea an de viaţă al copilului, care dobândeşte mai multă libertate şi mai multă autonomie acceptând limitele. El învaţă astfel să se controleze şi să respecte regulile societăţii.

De îndată ce un copil poate merge de-a buşilea, el pleacă „în excursie" – este ceea ce numim sistemul de comportamente de explorare – depărtându-se uneori atât de mult încât iese din raza de observaţie a mamei. El revine totuşi din când în când, ca să se asigure că aceasta este prezentă şi disponibilă – este ceea ce numim sistemul de comportamente de ataşament – cu atât mai mult cu cât mama poate să fie ocupată cu alte treburi decât cele legate de îngrijirea copilului – este ceea ce numim sistemul de comportamente nelegate de îngrijirile materne (Expunerea domnului F. Hallet - *Procesele de ataşament care intră în joc în adopţie*).

Legătura psihologică dintre persoana ataşată şi

figura de ataşament se formează prin experienţele vieţii de zi cu zi. Sistemele de comportamente de ataşament şi de îngrijiri materne favorizează proximitatea copilului faţă de figura lui de ataşament. Sistemele de explorare şi de absenţă a îngrijirilor materne favorizează în general adaptarea copilului sau, mai precis, dezvoltarea unor competenţe diverse, printre care şi autonomia.

Plecând de la experienţele cotidiene de îngrijiri materne, de explorare, de căutare a proximităţii sau de absenţă a îngrijirilor materne, copilul îşi construieşte un sistem operaţional intern al mediului înconjurător, al principalei sale figuri de ataşament şi al său.

Stilul de ataşament al fiecăruia se defineşte în primii ani de viaţă, dar rămâne în general stabil de-a lungul întregii vieţi şi colorează într-un mod particular, mai mult sau mai puţin securizat, mai mult sau mai puţin încrezător, relaţiile adolescentului şi ale adultului, relaţiile de cuplu, relaţiile cu prietenii şi colegii de muncă, dar şi pe cele cu proprii copii.

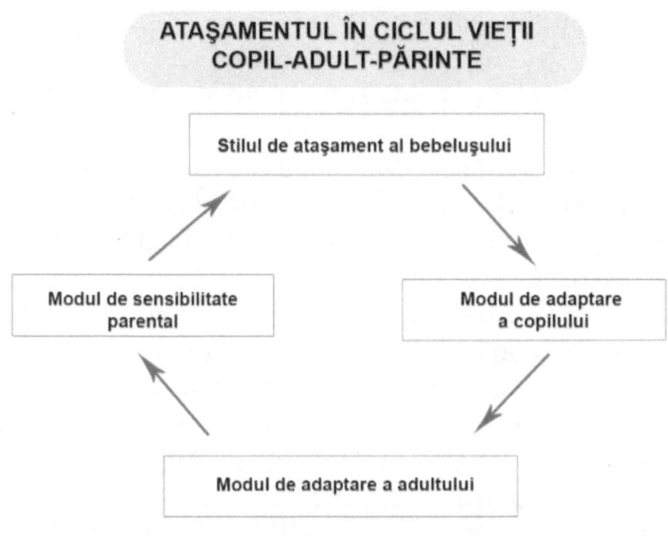

Legătura de ataşament se stabileşte cu scopul de a menţine comunicarea şi proximitatea faţă de baza sa de siguranţă – adultul ce-l îngrijeşte şi, în felul acesta, de a-şi asigura protecţia şi supravieţuirea.

4.4 Posibile probleme apărute ca urmare a lipsei de ataşament

Tulburările de ataşament pot să apară la copiii mici, cu vârsta până la 5 ani, pentru că nu au stabilit legături sănătoase cu părinţii sau adulţii în grija cărora s-au aflat. Aceşti copii sunt cei care au fost abandonaţi, neglijaţi sau abuzaţi, iar nevoile lor emoţionale nu au fost satisfăcute în mod corespunzător. Ei nu pot primi şi oferi afecţiune pentru că nu ştiu cum.

Tulburarea de ataşament se divide în două tipuri:

- *Tipul inhibat* – Se manifestă atunci când copilul nu primeşte deloc afecţiune şi dezvoltă evitarea unui comportament bazat pe o relaţie de ataşament cu aproape orice persoană;
- *Tipul dezinhibat* – Copiii ce prezintă acest tip de tulburare se agaţă (din punct de vedere fizic) de adulţi, chiar necunoscuţi, îşi manifestă afecţiunea nediferenţiat între cei cunoscuţi şi cei necunoscuţi, sunt hipervigilenţi, cu răspunsuri centrate asupra unuia sau mai multor adulţi. Copiii din această categorie au suferit abandon şi neglijenţă extremă, cu un vid relaţional mare. De aceea, prin acest comportament riscant, copilul încearcă să „valorifice" fiecare situaţie posibilă, favorabilă, fiecare oportunitate relaţională. Aceşti copii sunt dispuşi să urmeze adulţii necunoscuţi fără a verifica şi a primi aprobarea adulţilor de referinţă, ceea ce atrage atenţia asupra riscurilor legate de autonomia în prevenţia şi protecţia de situaţii şi relaţii riscante. Nu se manifestă selectivitate în interacţiunea cu diferite persoane în raport cu care îşi caută baza de securitate.

Aceste tulburări de ataşament, observate de părintele sau adultul ce îngrijeşte copilul, se manifestă astfel:
- Copilul se opune afecţiunii;
- Doreşte să aibă controlul oricărei situaţii, iar dacă asta nu se întâmplă, devine furios;

- Contactul vizual cu persoana de referinţă este redus;
- Refuză contactul fizic;
- Este inconstant în explorarea mediului;
- Se lasă consolat de persoane străine;
- Evită contactul cu persoana de referinţă;
- Ştie să manipuleze;
- Are relaţii slabe cu cei de vârsta lui, preferând compania celor mari;
- Fură, minte şi nu se dă înapoi chiar dacă este prins;
- Nu are remuşcări;
- Are comportament distructiv;
- Nu-şi poate controla impulsurile;
- Este hiperactiv;
- Poate avea probleme de limbaj;
- Are cerinţe extrem de insistente şi câteodată nepotrivite ca urmare a nevoii de iubire;
- Poate manifesta probleme de alimentaţie (mănâncă prea mult sau prea puţin sau poate ascunde mâncarea).

Dacă observaţi comportamente cum sunt cele descrise mai sus, este foarte important să apelaţi la un psihoterapeut, deoarece, în timp, se pot dezvolta tulburări de tip *antisocial, narcisic, dependent, obsesiv-compulsiv, borderline, histrionic.*

Comportamentul antisocial poate fi recunoscut înainte de vârsta de 15 ani. Simptomele personalităţii antisociale cuprind un comportament dezinteresat faţă de drepturile omului. Impulsivitatea este frecvent prezentă, prin accese de furie, neînţelegerea consecinţelor comportamentale, iritabilitate. Specialiştii consideră că o componentă majoră a acestei tulburări este reducerea capacităţii de a empatiza cu alte persoane, iar persoanele care suferă de acest tip de comportament nu se simt vinovate faţă de semenii pe care i-au rănit, fiind dezinteresate de aspectele relaţiilor interumane. Piromania şi cruzimea faţă de animale în timpul copilăriei sunt legate de dezvoltarea personalităţii antisociale. Persoanele cu acest tip de comportament mint şi fură frecvent, sunt violente şi agresive.

Tulburarea de personalitate narcisică este o afecţiune mentală în care pacientul are un simţ crescut al propriei importanţe şi o nevoie profundă de a fi admirat. El crede că este superior celorlalţi şi are puţină consideraţie faţă de sentimentele acestora din urmă. Dar în spatele măştii de încredere foarte mare stă o imagine de sine fragilă, vulnerabilă la cea mai mică critică. Simptomele tulburării de personalitate narcisică includ: exagerarea propriilor talente şi realizări, dispreţ faţă de persoanele pe care le consideră inferioare, credinţa că ceilalţi sunt geloşi faţă de persoana sa, probleme în menţinerea unor relaţii sănătoase, credinţa că este special, profitare de bunăvoinţa celorlalţi, aşteptarea continuă de laude şi admiraţie, stabilirea de scopuri nerealiste etc.

Această persoană poate fi confundată cu cea care are o încredere mare în sine, dar, spre deosebire de aceasta, persoana narcisică trece de această graniţă, iar atunci când nu primeşte tratamentul special la care consideră că are dreptul, devine nervoasă şi nerăbdătoare.

Persoanele cu comportament narcisic fie au avut părinţi superprotectori în copilărie, fie au suferit de abuz şi neglijare.

În general sunt mai afectaţi bărbaţii decât femeile.

Alţi factori ce pot declanşa tulburarea de comportament narcisic pot fi:
- un temperament ultrasenzitiv în copilăria mică;
- indulgenţa exagerată sau supraevaluarea părinţilor;
- admiraţie excesivă care nu este echilibrată niciodată de un răspuns realist;
- abuz emoţional sever în copilărie;
- primirea de laude exagerate din partea părinţilor, pentru felul în care arată sau pentru diferite talente;
- învăţarea unui comportament manipulativ de la părinţi.

Comportamentul dependent se manifestă prin dependenţa individului faţă de mâncare, droguri, alcool, jocuri sau alte activităţi care îi aduc plăcere. Acestor persoane le este greu să facă faţă situaţiilor stresante sau să-şi îndeplinească scopuri de lungă durată şi le lipseşte stima de sine. Refuză invitaţiile în adunări sociale deoarece se tem că vor fi prinşi cu această tulburare de comportament. Persoanele cu un comportament dependent caută constant aprobarea celorlalţi,

Tipurile frecvente de comportament adictiv (dependent) sunt:
- abuzul de substanţe şi dependenţa în cadrul căreia alcoolul este substanţa psihoactivă cel mai frecvent utilizată. În această categorie se includ barbituricele, narcoticele, halucinogenele;
- tulburările alimentare cum sunt anorexia, bulimia şi alimentaţia compulsivă;
- jocurile de noroc constituie o altă dependenţă comună care atrage personalităţile adictive. Se spune că

sunt trei stadii ale jucătorului cu personalitate adictivă. Primul este cel de câştigător, în care persoana încă îşi controlează comportamentul. Al doilea este cel de pierdere, când individul începe să joace singur, împrumutând bani, jucând sume mari şi făcând datorii pe care nu le poate onora. În final se găseşte în faza disperată, când jucătorul îşi asumă riscuri, se angajează în acţiuni ilegale, este depresiv şi se poate sinucide;

- munca şi efortul fizic excesive pot să apară dacă familia, prietenii sau interesele au devenit brusc neimportante.

Tulburarea obsesiv-compulsivă se caracterizează prin existenţa unor *obsesii* (definite ca fiind gânduri, imagini sau impulsuri intruzive, recurente şi care creează disconfort) şi *compulsii* (comportamente, acţiuni sau ritualuri mentale menite să prevină sau să reducă disconfortul produs de obsesii).

Persoanele care suferă de această tulburare încearcă să evite gândurile sau imaginile obsesionale (la fel cum o persoană cu fobie de şerpi încearcă să evite şerpii) sau să le suprime prin diferite acţiuni, considerându-se responsabile sau chiar vinovate pentru prezenţa acestor gânduri. Compulsiile, sub forma comportamentelor sau a actelor mentale, sunt menite să prevină sau să reducă disconfortul emoţional şi să prevină unele evenimente catastrofice (Exemplu – *obsesia: „dacă nu număr până la 13 la fiecare sfert de oră, mama va avea un accident de maşină”; compulsia: numărat până la 13 la fiecare sfert de oră, pentru a preveni accidentul*).

Majoritatea persoanelor cu tulburare obsesiv-compulsivă sunt conştiente de faptul că gândurile lor sunt iraţionale şi irealiste, însă nu le pot controla.

Comportamentul borderline – Pacientul cu personalitate borderline are dificultăţi în controlarea emoţiilor şi este deseori în stare de revoltă – probabil din cauza unor experienţe traumatice în copilărie sau a unor disfuncţionalităţi cerebrale.

Tulburarea de personalitate borderline afectează felul în care persoana se vede pe sine, modul în care relaţionează cu ceilalţi şi în care se comportă. Pacientul are sentimentul unei nesiguranţe faţă de cine este el. Acest lucru înseamnă că imaginea de sine a acestuia suferă schimbări rapide şi repetate.

Uneori se poate vedea ca fiind foarte rău, iar alteori se poate simţi ca şi cum nu ar exista deloc. De obicei, pacientul are relaţii agitate. Poate avea cu ceilalţi relaţii de tip dragoste-ură. Poate idealiza la un moment dat pe cineva, pentru ca apoi să se schimbe dramatic simţind brusc furie şi ură, din cauza unor greşeli mărunte sau a unor neînţelegeri minore. Acest lucru se întâmplă întrucât persoanele cu această tulburare acceptă cu dificultate zonele gri – pentru ele lucrurile sunt ori albe, ori negre. Spre exemplu, în ochii unei persoane cu tulburare de personalitate borderline, cineva poate fi ori bun, ori rău. Şi aceeaşi persoană poate părea bună într-o zi şi rea în următoarea.

Comportamentul histrionic – Este o tulburare de personalitate caracterizată printr-un comportament dominat de emoţii şi de căutarea atragerii atenţiei celor din jur. Se mai numeşte *teatralism,* deoarece copilul histrionic se comportă de parcă ar fi pe scenă, dorind să atragă atenţia totală a spectatorilor.

Aceste persoane sunt pline de viaţă, dar se găsesc într-o situaţie dificilă atunci când atenţia celorlalţi nu este îndreptată spre ele. Histrionicul nu este atent la ceilalţi şi nu va avea sentimente intense faţă de familie sau faţă de persoanele apropiate. Are sentimente pozitive faţă de persoanele din jur atâta timp cât este în centrul atenţiei, iar în caz contrar va avea resentimente şi nu va dori să interacţioneze prea curând cu acele persoane. Această tulburare de personalitate poate fi diagnosticată doar după vârsta de 18 ani, fiind mai frecvent întâlnită la femei decât la bărbaţi.

4.5 Aspecte pe care părinţii ar trebui să le discute cu copiii lor

Foarte mulţi părinţi îşi fac griji că nu vor spune ceea ce trebuie, pentru că privesc adopţia ca pe un subiect delicat, care vizează esenţa vieţii lor de familie. Copiii explorează anumite aspecte în moduri diferite. Sunt copii care pun întrebări pentru un timp, apoi îşi canalizează atenţia spre altceva. Alţii sunt mai precauţi şi se mulţumesc să ştie foarte puţin, apoi se întorc la preocupări mai familiare. Copiii mai mari pot câştiga încredere împărtăşindu-vă amintirile, ştiind că îi veţi asculta cu atenţie.

Pentru adulţi, poate fi de folos dacă îşi aleg cuvinte simple cu care să înceapă discuţia. Un copil mai mare poate fi îndemnat să discute despre acest subiect deoarece se poate simţi stânjenit sau tensionat. Dacă vom transmite un sentiment pozitiv copilului în legătură cu adopţia, va creşte ştiind că adopţia lui a fost un lucru bun, iar această bază solidă îl va susţine de-a lungul anilor. (Sylvia Barker, Sheila Byrne, Marjorie Morrison, Marcia Spence – extras din *Cum să faci evaluări de calitate*). Este important să-i oferim toate informaţiile cu multă căldură şi afecţiune.

O întrebare ce apare pe buzele părinţilor adoptivi este cum să-i numească pe părinţii biologici ai copilului atunci când îi prezintă acestuia anumite informaţii. O alegere ar putea fi „*mama biologică*" sau „*părinţi biologici*". Alţii preferă să folosească numele mic al mamei biologice, ca de exemplu: „*Ai crescut în burtica Ioanei*". Termenul de „*părinţi adevăraţi*" pentru părinţii biologici ar trebui evitat, fiindcă v-ar putea face să păreţi mai puţin „adevăraţi" în ochii copilului.

Discutând cu Alexandru, băiatul meu în vârstă de 3 ani, despre adopţie, i-am explicat, folosind numele mic al mamei sale biologice, cum a ajuns în familia noastră. Pentru a înţelege mai clar traseul pe care l-a parcurs până l-am adoptat, i-am desenat schematic etapele parcurse: naşterea lui în spital, casa asistentei maternale şi blocul unde locuim.

Discuţia declanşatoare privind adopţia a avut loc într-o seară, după ce i-am făcut baie, când, în timp ce-l ştergeam cu prosopul, i-am spus că el a fost legat printr-un cordon ce pleacă de la buric, de doamna în burta căreia a crescut şi apoi l-a născut. „*Dacă eu nu m-am născut din burta ta, eu cum sunt copilul tău?*" Mi s-a părut potrivit să-i răspund: „*Uneori, un copil este născut de o femeie în burta căreia a crescut şi rămâne cu ea şi cu acel tată. În alte cazuri, femeia care l-a născut nu poate să aibă grijă de el, aşa că îl dă spre adopţie. Tu ai fost adoptat şi pentru că noi avem grijă de tine şi te iubim foarte mult, eşti copilul nostru. Părinţii sunt aceia care îi dau să mănânce copilului, îi cumpără haine şi jucării, îl duc la doctor când este bolnav, îl duc la grădiniţă, îl iau în braţe când plânge.*"

A fost încântat de răspunsul primit. Nu mi-a cerut alte informaţii, însă timp de câteva luni a insistat să-mi spună singur povestea sosirii în familia noastră.

Recent, am fost surprinsă să constat că îl frământă o întrebare, pe care i-a adresat-o soţului meu când l-a luat de la grădiniţă: „*Unde este doamna aceea acum? Vreau să o întâlnesc!*" Soţul meu nu i-a oferit un răspuns pe moment, însă povestindu-mi ceea ce a fost întrebat, am reluat discuția cu Alexandru, acasă: *„ Alexandru, de ce vrei să știi unde se află doamna aceea? " „Așa vreau eu! "* mi-a răspuns. *„Ai vrea să vorbești ceva cu ea dacă ai întâlni-o? " „Da! " „Ce ai vrea să-i spui? "* am insistat eu. *„Vreau să-mi cer scuze! "* a zis el, lăsând capul în pământ. *„Dar de ce vrei să-ți ceri scuze de la ea? " „Pentru că m-a lăsat la spital fără lapte, să mor de foame. "*

Mi-am dat seama că se simțea vinovat și credea a fost abandonat la naștere de mama biologică pentru că a greșit cu ceva. I-am spus: *„Alexandru, tu nu ai de ce să-ți ceri scuze de la doamna care te-a născut. Nu ai greșit cu nimic. Ea te-a lăsat la spital pentru că nu a putut să aibă grijă de tine. Dar noi te iubim foarte mult și vom avea mereu grijă de tine, până o să crești mare cât tati. "*

Mai nou, Alexandru afirmă destul de des: *„Eu sunt al vostru și nu mă dați la nimeni "*. Îmi dau seama că mesajul acestei afirmații este teama de a nu fi abandonat din nou. Teama și abandonul sunt împletite strâns în sufletul unui copil adoptat. Teama nu este o iluzie, ci se bazează pe realitatea trăită când mama biologică l-a abandonat.

O provocare cu care ne-am confruntat ca părinți adoptivi a fost teama lui Alexandru privind un nou abandon. A trebuit să-l convingem că vom fi mereu alături de el chiar dacă nu ne poate vedea (în timpul orelor petrecute la grădiniță). Așa că de fiecare dată când mergeam să-l luăm, spunea: *„Ai venit! Nu mă lași aici! "* Îl linișteam zilnic explicându-i că îl iubim foarte mult și suntem nevoiți să-l lăsăm la grădiniță până stăm la serviciu și că ne gândim la el în tot acest timp. Acum, la un an de la adopţie, ne spune pe drum spre grădiniţă: *„ O să-mi fie tare dor de voi!"*

Este posibil să nu ştim ce fantezii are copilul nostru. Dacă nu pune întrebări despre părinţii biologici, nu înseamnă că nu se gândeşte la ei. Alteori trebuie să descifrăm din poveştile lui sau din modul în care se joacă dacă are asemenea gânduri şi să-l ajutăm să le clarifice.

Părinţii naturali vor rămâne mereu o parte din universul lui, în mod conştient sau nu. Noi, ca adulţi, suntem cei care ridică uneori ziduri din cauza tendinţei de posesivitate şi competiţie în privinţa copilului.

Zilele trecute, pe când împodobeam împreună cu băiatul meu bradul de Crăciun, m-am trezit că-mi spune: *„ Eu sunt un peşte, trăiesc în apă cu fraţii şi surorile mele şi am o altă mamă rea!"* L-am întrebat: *„ Dar cine este mama aceasta rea?" „ Ţi-am mai spus! Este doamna care m-a lăsat la spital. Dar eu te iubesc pe tine! Tu eşti bună!" „ Mulţumesc, dragul meu. Însă doamna care te-a lăsat la spital nu este rea. Atât a putut să facă în acel moment. Eu cred că a fost foarte curajoasă să renunţe la tine şi a vrut să-ţi ofere şansa să creşti într-o familie care să te iubească."*

M-am bucurat că Alexandru şi-a exprimat sentimentele vizavi de mama biologică, pentru că în acest fel pot să-l ajut să facă faţă tristeţii şi dezamăgirii că a fost părăsit.

Un copil ceva mai mare ar putea fi ajutat să treacă peste această etapă de dezamăgire sau revoltă apelând la o metodă foarte simplă, şi anume aceea de a scrie mamei biologice scrisori în care să-şi exprime sentimentele şi care pot fi păstrate într-o cutie, alături de alte obiecte (fotografii, de exemplu).

Dacă suferinţa copilului continuă vizavi de pierderea suferită prin adopţie, o altă idee ar fi să includem copilul într-un grup de copii adoptaţi. Acest fapt l-ar ajuta să realizeze o legătură tăcută cu aceşti copii, ascultând povestea adopţiei fiecăruia, şi ar constitui o sursă extraordinară de validare, care îl va face mai puternic.

Trebuie să fim încrezători în rolul nostru de părinţi, chiar dacă nu i-am dat naştere copilului nostru, şi să-i permitem să ne pună întrebări, pentru a afla adevărul despre istoria familiei sale biologice. Chiar dacă adevărul doare, să nu uităm zicala: *„Aflând adevărul, el te va elibera"*.

E bine să ne amintim că adopţia este o călătorie de o viaţă. Întrebările despre naştere şi familia biologică vor apărea în toate etapele de dezvoltare. De aceea informaţiile oferite îi vor crea un context necesar pentru a învăţa lecţii cu un înţeles profund despre ce înseamnă să fii adoptat şi îi vor da oportunitatea să privească cu iertare spre trecutul său, iar spre sine cu bunăvoinţă.

Întrebând un adult adoptat dacă a avut fantezii de-a lungul anilor despre familia naturală pierdută, este posibil să spună că nu. *Totuşi, un exemplu tipic de manifestare a acestei fantezii de căutare a unei figuri familiare îl poate constitui cel de mai jos.*

Am citit povestea unui tânăr adoptat care, având puţine informaţii despre părinţii biologici oferite de părinţii adoptivi, spunea că de câte ori călătoreşte cu avionul îşi imaginează că bărbatul aşezat în apropierea sa ar putea fi tatăl său.

La întrebarea „Care sunt temerile dumneavoastră ca părinţi adoptivi?" **familia T. din Piteşti** *răspunde:*

- Ca părinţi adoptivi nu avem temeri, în schimb avem temeri ca orice părinţi, zicem noi! Cum va fi ca om, ca tată, ca individ al societăţii...

- Cum a fost relaţia dumneavoastră de cuplu înainte şi cum este după adopţie? Aţi vrea să schimbaţi ceva?

- Eu m-am schimbat foarte mult, ca soţie. Eram mai cicălitoare şi mai stresantă. Acum sunt mai veselă, mai degajată. Atmosfera casei s-a schimbat foarte mult (tot în această perioadă am schimbat şi locuinţa), casa noastră nu mai este aşa de sobră, este mai primitoare, mai caldă.

- Povestiţi ce întrebări v-a pus copilul în legătură cu adopţia şi ce răspunsuri i-aţi dat, pe măsura dezvoltării lui.

- La început, noi, ca să ne obişnuim, când prindeam momentul îi mai povesteam câte ceva despre casa asistentului maternal sau despre căţelul care nu ne lăsa să intrăm să-l vedem... Apoi a început să întrebe el. Prima întrebare a picat ca un fulger, deşi credeam că suntem pregătiţi. A întrebat, privind desenul, cine mai stătea în casă. Am răspuns şi de aici au pornit alte întrebări.

Cea mai dificilă întâmplare a fost atunci când, într-o zi, a venit, mi-a mângâiat burta şi a pupat-o spunând ca acolo a stat el. Eu i-am repetat ca el a venit trimis de Doamne-Doamne, așa cum știa și cum mai vorbiserăm, dar nu a vrut să audă, nu i-a convenit și a plecat parcă refuzând explicația mea. Fusese la cumnata mea, care era însărcinată și mai avea o fetiță de vârsta lui. Cred că văzuse sau auzise ceva de genul acesta acolo. Momentul în sine a fost greu și emoționant.

- Vă simțiți pregătiți emoțional pentru eventualitatea în care copilul va dori să-și întâlnească părinții biologici sau pe altcineva din familia biologică (bunicii, spre exemplu, sau frații, în cazul în care există)?

- Pentru acest lucru eu nu mă simt pregătită. Mai am de lucru până voi rezolva și această etapă!

Căutarea propriei identități de către copilul adoptat constituie un alt subiect pe care doresc să-l abordez în acest capitol.

Îmi amintesc primele zile de după sosirea lui Alexandru în familia noastră. Toate rudele și prietenii exclamau atunci când îl vedeau: *„Seamănă cu voi!"*

Afirmațiile de tipul *„Ești exact ca noi!"* pot fi traduse de copilul adoptat în:
- Trebuie să fiu ca voi;
- Nașterea în familia biologică este necorespunzătoare;
- Faptul că sunt eu însumi nu este suficient;
- Trebuie să fiu necinstit cu emoțiile mele.

Copilul adoptat își dorește să știe că nu este un extraterestru, ci că provine din oameni reali, cu personalităţi şi poveşti reale de viaţă, care au luat decizii care i-au influenţat viaţa pentru totdeauna. Preţuirea diferenţelor începe cu recunoaşterea lor. Pentru a valida şi a afirma unicitatea copilului nostru trebuie să-l vedem cu adevărat. Acest lucru îi va spune că diferenţele dintre noi şi el nu sunt ceva de care să-i fie ruşine, ci semne ale farmecului său. Diferenţele pe care ar trebui să le căutăm ar putea fi:

-   Ce gusturi are în ceea ce priveşte mâncarea?
-   Ce personalitate are: pesimistă sau optimistă?
-   Ce fel de fizic are?
-   Ce fel de muzică îi place?
-   Ce lucruri îl înspăimântă?
-   Ce-i place să facă în timpul liber?

Pe măsură ce-l observăm, vom vedea care îi sunt preferinţele, dar şi tendinţele pe care le-a dezvoltat în timpul vieţii prenatale, cu mama biologică.

Preţuirea diferenţelor dintre noi şi copilul adoptat îl va învăţa o lecţie importantă, şi anume că este unic şi minunat!

Cea mai mare temere a părinţilor adoptivi este legată de momentul în care copilul adoptat va dori să-şi caute familia biologică şi să o întâlnească. Profesioniştii din domeniul adopţiilor ne sfătuiesc să-l eliberăm pe copilul adoptat de responsabilitatea de a-şi face griji pentru sentimentele noastre. Copilul are nevoie să fie liber să-şi urmeze căutarea fără să aibă grijă să ne facă pe noi să ne simţim confortabil. Cea mai indicată soluţie în cazul în care vă simţiţi ameninţaţi de ideea că veţi fi abandonaţi de copil este să apelaţi la ajutorul unui terapeut sau al unor prieteni de încredere.

Dezvăluiți toate informațiile pe care le cunoașteți copilului, împrejurările abandonului sau cele despre familia biologică. Susținând copilul adoptat în căutarea acelei părți din viața sa care-i lipsește, veți contribui la consolidarea propriei relații părinte-copil. Încercați să-i explicați că indiferent dacă întâlnirea cu familia biologică va avea un rezultat pozitiv sau negativ, va avea o senzație de închidere a unui cerc, de parcurgere a unui ciclu întreg în care și-a înfruntat cele mai mari temeri și a trecut de la pierdere la deplinătate.

4.6 Copilul adoptat trebuie să cunoască adevărul?

Există o practică în cultura noastră care spune mult despre aspectul de copil de înlocuire a copilului ideal pe care îl are copilul adoptat. Practica se referă la secretul adopției. Copilului adoptat i se ascunde adevărul, așteptându-se ca potrivirea lui cu imaginea copilului dorit, nevenit, să fie mai bună. Dacă nu vorbim despre adopție, el va fi copilul nostru ideal.

Dar această soluție pe care părinții o găsesc se poate transforma într-o situație îndreptată împotriva lor. Și există un alt risc major: nici un secret nu poate fi păstrat atât de bine pe cât ar dori părinții adoptivi. Va exista un moment, o situație, o persoană care vor sădi îndoieli în sufletul copilului cu privire la originea lui, iar atunci acesta va afla în mod brutal adevărul (Muntean Ana – *Când adoptăm copilul*).

Copilul va realiza că încrederea lui a fost clădită pe o bază inexistentă, că momentele în care comportamentele parentale i se păreau neînțelegătoare față de el aveau o altă explicație, că tot ceea ce s-a petrecut între el şi părinţii lui de-a lungul vieţii are la bază o minciună. Şi atunci cine este el?

O poveste reală, petrecută în anii '90, se referă la o familie de intelectuali, cu studii în Drept, care s-a hotărât să adopte un copil dintr-o instituţie de protecţie a copilului. La vârsta adopţiei copilul avea sub un an. Părinţii s-au hotărât să păstreze secretul adopţiei şi în acest scop şi-au schimbat serviciul şi s-au mutat în alt oraş.

Copilul creşte, merge la şcoală, este un copil bun, harnic şi ascultător, iubitor şi cooperant. La 14 ani află că nu este copilul biologic al părinţilor. Fuge de acasă, părinţii îl caută cu poliţia, îl găsesc şi îl internează la psihiatrie, unde i se pune diagnosticul unei manifestări borderline.

Părinţii speră ca tratamentul pus de doctori să-l readucă la bunele sentimente de dinainte. Copilul nu poate reveni la comportamentul iniţial, iar părinţii consideră că acesta a înnebunit, de vină fiind încărcătura ereditară pe care o avea băiatul lor şi pe care ei nu o cunoşteau. Copilul fuge din spital, nu se întoarce acasă, iar părinţii cer desfacerea adopţiei.

Alte exemple sunt cele a două familii care au adoptat câte o fetiţă şi le-au ascuns adevărul despre originea lor, fie până la împlinirea vârstei de 18 ani, fie în totalitate. Rezultatul? Şi în primul caz, şi în celălalt a fost un dezastru afectiv pentru ambele adolescente.

Prima poveste se referă la Irina. A fost adoptată la câteva luni de la naştere şi crescută de o familie de oameni gospodari, la sat, undeva pe lângă Câmpulung

Muscel. Nu i-a lipsit nimic şi a avut parte de afecţiunea mamei şi a bunicului în mod special, tatăl fiind alcoolic şi puţin implicat în problemele curente ale fetei. Cu toate acestea, Irina îl iubea aşa cum era.

La împlinirea vârstei de 18 ani, mama adoptivă s-a decis să-i spună adevărul Irinei, considerând că la această vârstă ar înţelege mai bine motivaţia ce a determinat-o să-i ascundă aceste lucruri referitoare la familia biologică.

După ce i-a împărtăşit realitatea despre familia biologică, ceva s-a schimbat în sufletul şi atitudinea fetei. Se simţea în continuare legată de mama adoptivă, dar privea cu amărăciune spre trecutul ei. Se simţea minţită şi trădată în încrederea pe care a avut-o în părinţii adoptivi.

A încercat să intre în legătură cu fraţii şi părinţii biologici, însă după întâlnirea cu aceştia a declarat că se simte ca o străină printre ei şi că nu doreşte să menţină o legătură în viitor. În prezent este căsătorită şi are la rândul ei o fetiţă, dar undeva există un gol care nu poate fi umplut cu nimic. Simte că i-a fost furată propria identitate.

Cealaltă poveste se referă la Simina, o altă adolescentă din Câmpulung Muscel adoptată la o vârstă foarte fragedă. Nu a ştiut niciodată că părinţii adoptivi nu sunt părinţii naturali, până în ziua nunţii, când viitoarea soacră, ce cunoştea detaliile despre adopţia fetei, i-a aruncat adevărul în faţă, provocându-i Siminei un şoc emoţional atât de intens, încât aceasta a vrut să se sinucidă. Din fericire a fost salvată, însă a rămas cu o traumă profundă, a intrat în depresie, iar în prezent nu menţine o legătură afectivă apropiată cu mama adoptivă.

Acest gen de părinţi, care au ascuns ani de zile adevărul copilului adoptat, au pierdut din vedere faptul că familia se poate forma atât prin naştere, cât şi prin adopţie. Reacţionând în acest mod, aceste familii neagă originea biologică a propriului copil, îl lipsesc de dreptul de a-şi cunoaşte istoria personală, de a-şi plânge pierderea suferită prin abandon şi de a se vindeca emoţional şi îl lasă să ducă pe umeri o povară imensă, aceea de a nu şti cine este cu adevărat.

În loc de concluzii

Călătoria prin viaţă a copilului adoptat este adesea dureroasă şi plină de provocări. Este o binecuvântare pentru acesta să aibă alături părinţi adoptivi maturi din punct de vedere emoţional, care să-l ajute să depăşească toate temerile şi să-l sprijine în căutarea propriei identităţi.

Să nu uităm că cel mai sigur remediu în faţa tuturor provocărilor cu care ne vom confrunta pe parcursul fiecărei etape parcurse de copil spre adolescenţă rămâne *IUBIREA NECONDIŢIONATĂ*.

Şi, în loc de o concluzie generală, mi s-a părut frumoasă *rugăciunea pentru copilul înfiat*:

„Doamne Iisuse Hristoase, Fiul lui Dumnezeu, care ne-ai poruncit să ne iubim unii pe alţii, ajută-ne să împlinim fără împiedicare această poruncă a Ta. Am socotit că este bineplăcut Ţie să înfiem acest copil pe care viaţa l-a lipsit de dragostea părinţilor lui. Dă-ne, Doamne, să-l iubim cu dragostea pe care Tu o sădeşti în inimile noastre. Să găsească la noi dragostea care îi lipseşte şi sufletul lui tulburat să se umple de linişte şi de bucurie. Dă-i lui să Te iubească din toată inima, iar pe noi să ne respecte după cuviinţă, fiind un copil ascultător şi cuminte. Dă-i lui, Doamne, să iubească Biserica, rugăciunea şi toată fapta cea bună. Dă-i lui, Doamne, să simtă dragostea Ta cea sfântă, care covârşeşte orice dorire. Dă-i lui să fie mădular ales al Bisericii Tale, iar nouă, nevrednicilor, dăruieşte-ne să ducem cu bucurie greutăţile creşterii acestui copil, luminaţi fiind de Tine.

Binecuvântează şi sfinţeşte casa noastră, rânduind toate cele de trebuinţă, că de la Tine vine tot binele şi ale Tale sunt slava, cinstea şi închinăciunea, în vecii vecilor. Amin."

Bibliografie

Albu Emilia – Psihologia vârstelor, http://www.upm.ro/facultati_departamente/depPregatirePersonal/docs/carti/psihologia_varstelor_albu.pdf, p. 11, 95

Barker Sylvia, Byrne Sheila, Morrison Marjorie, Spence Marcia – extras din *Cum să faci evaluări de calitate,* publicat de Oficiul Român pentru Adopţii în Despre adopţie, informaţii pentru părinţii adoptivi, p. 7, 9

Chapman Gary şi Campbell Ross - *Cele 5 limbaje de iubire ale copiilor*, Editura Curtea Veche, 2011, p. 189

Dragu Anca, Cristea Sorin – *Psihologie şi pedagogie şcolară*, Ovidius University Press, Constanţa, 2002, p. 28, 31-32

Dumitrana Magdalena – *Dezvoltarea psihică umană*, Editura V&I, Bucureşti, 2000, p. 5, 7

Stan Angela, Gotea Mihaela – *Sociologia familiei*, curs, p.2,

Cristina Alina Năftănăilă

http://biblioteca.regielive.ro/cursuri/sociologie/sociologia-familiei

Sion Graţiela – *Psihologia vârstelor*, Editura Fundaţiei România de Mâine, Bucureşti, 2003, p. 170-171, 174, 185

Stoica Marin – *Psihologia personalităţii*, Editura Didactică şi Pedagogică, Bucureşti, 1996, p. 76

Şchiopu, U., Verza, E. – *Psihologia vârstelor*, Editura Didactică şi Pedagogică, Bucureşti, 1995, p. 126

Vincent Rose – *Cunoaşterea copilului*, Editura Didactică şi Pedagogică, Bucureşti, 1972, p. 46

http://www.7p.ro/Default.aspx?PageID=1362

Oficiul Român pentru Adopţii – *Manualul viitorilor părinţi adoptivi*, p. 6, 22, 29, 36

Oficiul Român pentru Adopţii – *Douăzeci de lucruri pe care copiii adoptaţi ar dori ca părinţii lor adoptivi să le ştie*, p. 77

Procesele de ataşament care intră în joc în adopţie - expunerea domnului F. Hallet - traducere, http://www.rcesperantacopiilorarad.org/resources/adoptions/procesele_de_atasament_implicate_in_adoptie.pdf, p. 1-2, 3-5, 8-10, 14

http://ziarullumina.ro/documentar/adoptia-societatile-antice

http://ziarullumina.ro/opinii/biserica-si-adoptia

http://www.sfaturiortodoxe.ro/dionisie.htm

http://www.unicef.ro/wp-content/uploads/profilul-parintilor-adoptivi_raport_7-septembrie-2011.pdf, p. 7-13

http://www.prostemcell.ro/images/stories/download/profilul-parintilor-adoptivi-din-romania.pdf, p.1-2

http://stirileprotv.ro/stiri/international/povesti-adevarate-cum-a-fost-dat-afara-steve-jobs-de-la-apple-iar-apoi-s-a-intors-mai-puternic.html

http://ro.wikipedia.org/wiki/Marilyn_Monroe

http://ro.wikipedia.org/wiki/Nelson_Mandela

http://www.showbiz.ro/monden/10984625-23-de-personalitati-despre-care-nu-stiai-ca-au-fost-adoptate

http://e-juridic.manager.ro/articole/adoptia-la-finele-anului-trecut-2220.html

http://lege5.ro/Gratuit/geydiojxgq3a/legea-nr-57-2016-pentru-modificarea-si-completarea-legii-nr-273-2004-privind-procedura-adoptiei-precum-si-a-altor-acte-normative

http://www.dreptonline.ro/legislatie/legea_adoptiei.php

http://www.dreptonline.ro/monitorul_oficial/monitor_oficial.php?id_monitor=11043

http://www.mediafax.ro/social/persoanele-care-adopta-ar-putea-beneficia-de-un-concediu-pentru-integrarea-copilului-in-familie-13346429

http://www.adorcopiii.ro/resurse/105_int_Manualul_adoptatorului_FINAL.pdf, p. 10, 17, 19-20

Atestat pentru adopție,
http://ro.scribd.com/doc/77335038/Atestat-Pentru-Adoptie-v04 pdf, p. 8-9

http://www.crestinortodox.ro/morala/rolul-familiei-educatia-copiilor-perspectiva-eclesiala-70841.html

www.salvaticopiii.ro /Abuzul și neglijarea copiilor, pdf, p. 10, 46

http://adevarul.ro/life-style/parinti/parintii-nu-acorda-copiilor-macar-respectul-aratat-unui-strain-modelul-traditional-educatie-profund-gresit1_54732791a0eb96501e09d479/index.html

http://www.7p.ro/Default.aspx?PageID=1263

http://www.7p.ro/Default.aspx?PageID=1264#Motivatie

www.academia.edu/Tomiță Mihaela – *Factori de reziliență la adolescenții adoptați la vârstă mică,* pdf, p. 7

http://www.psihosolutii.ro/content/index.php/psihoterapia-copilului/78-tulburarea-de-ataament-in-perioada-copilriei-mici.html

Cristina Alina Năftănăilă

http://www.la-psiholog.ro/info/personalitatea-antisociala

http://www.sfatulmedicului.ro/Schizofrenia-si-alte-tulburari-psihice/tulburarea-de-personalitate-narcisica_93

http://www.la-psiholog.ro/info/tulburarea-obsesiv-compulsiva-descriere-si-tratament

http://www.romedic.ro/tulburarea-de-personalitate-histrionica

http://www.doxologia.ro/rugaciune/rugaciune-pentru-copilul-infiat

www.tctp.ro/documente/revista-nr-23-ro.pdf Adopţia şi miturile ei/Muntean Ana – *Când adoptăm copilul* pdf, p. 4

Materiale primite la *Conferinţa Naţională* dedicată *„ZILEI NAŢIONALE PENTRU ADOPŢIE”, Ediţia I, „Şi EU merit o FAMILIE”*, 2 iunie 2014, Argeş

Direcţia Generală de Asistenţă Socială şi Protecţia copilului, Biroul Adopţie şi Postadopţie Argeş –

166

Ataşamentul, factor de protecţie sau risc pentru sănătatea emoţională, material prezentat la Conferinţa Naţională pentru adopţie, Ediţia I, 2 iunie 2014, p. 1-2

Despre autor

Cristina Alina Năftănăilă s-a născut la data de 25 august 1972 în oraşul Câmpulung Muscel din judeţul Argeş.

A fost singurul copil al părinţilor sai, Domnica şi Gheorghe – Ioan.

Încă din şcoala primară a manifestat talent la scris, limba româna fiind disciplina pe care a iubit-o cel mai mult, alături de geografie şi desen.

Până la vârsta 20 de ani a locuit în vestul ţării , la Timişoara, unde a absolvit Liceul Economic şi de Drept Administrativ. După această vârstă s-a mutat în oraşul Câmpulung Muscel unde s-a înscris în anul 2002 la Universitatea Spiru Haret, Facultatea de Contabilitate şi Finanţe, pe care a absolvit-o în anul 2006.

Din dorinţa de a evolua pe plan profesional, şi-a continuat studiile, absolvind în anul 2008 studiile universitare de masterat Contabilitate şi managementul afacerilor, iar în anul 2011 a obţinut *diploma de Doctor, în domeniul Finanţe*, parcurgând studiile doctorale la Universitatea Lucian Blaga din Sibiu, Facultatea de Ştiinţe economice.

În paralel cu studiile universitare amintite a absolvit şi alte cursuri de perfecţionare profesională, cum au fost: cursul online *"Dezvoltare personală. Dezvoltarea relaţiilor interumane"*, cursul online *"Comunicare şi negocieri de afaceri în IMM-uri"*, cursul de antreprenoriat *" Analiza proiectului de investiţii a unui IMM"*, cursul *"Manager îmbunătăţire procese"*, a absolvit un un curs de formator, a obținut un certificat de participare la programul de instruire în tehnologii e-Learning și un certificat de training online de Digital Marketing în cadrul Proiectului Atelierul Digital oferit de Google.

În prezent este lector universitar doctor la Facultatea de Științe economice din Câmpulung Muscel, unde desfășoară activități didactice specifice procesului de învățare și evaluare în sistemul universitar, în domeniul finanțe și participă la activități extrascolare educative și artistice.

A publicat trei cărți în domeniul finanțe și numeroase articole în reviste de specialitate și la conferințe pe plan național sau cu participare internațională.

Din anul 2010 este membru în Societatea de Științe Istorice din România, Filiala Muscel iar în anul 2011 a devenit membru în Consiliul editorial al Revistei Human Resource Management Academic Research Society. (http://www.hrmars.com).

În cadrul Facultății de Științe economice din Câmpulung Muscel a fost membru în Consiliul Departamentului de Contabilitate până în luna octombrie 2015 iar în prezent este membru al Comisiei de audit intern, la nivelul facultății.

Cristina a reușit ca alături de soțul sau să-și împlinească visul de a deveni mamă, adoptând în anul 2013 un băiețel.